AF189031

Impressum
Verlag: BABADADA GmbH, Nedderfeld 112 , 22529 Hamburg
Geschäftsführer / Verlagsleitung: Harald Hof
Druck: Books on Demand GmbH, In de Tarpen 42, 22848 Norderstedt

Imprint
Publisher: BABADADA GmbH, Nedderfeld 112 , 22529 Hamburg, Germany
Managing Director / Publishing direction: Harald Hof
Print: Books on Demand GmbH, In de Tarpen 42, 22848 Norderstedt

école
die Schule

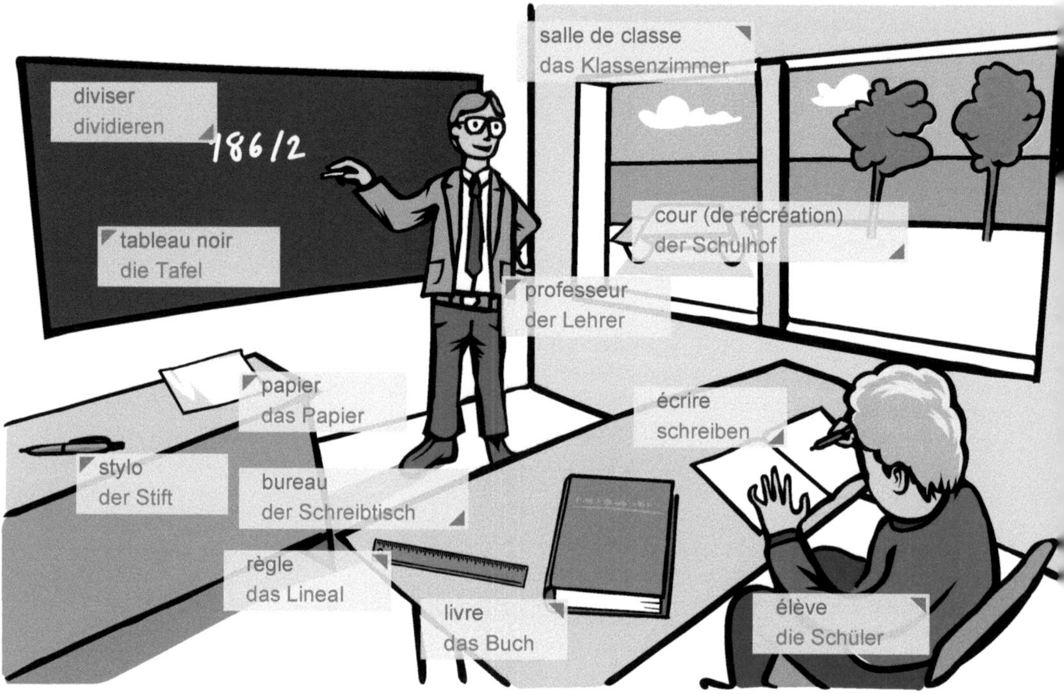
salle de classe
das Klassenzimmer
diviser
dividieren
186/2
tableau noir
die Tafel
cour (de récréation)
der Schulhof
professeur
der Lehrer
papier
das Papier
écrire
schreiben
stylo
der Stift
bureau
der Schreibtisch
règle
das Lineal
livre
das Buch
élève
die Schüler

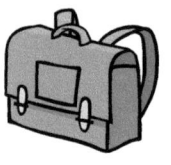

cartable

die Schultasche

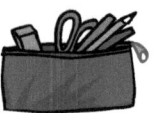

trousse

die Federmappe

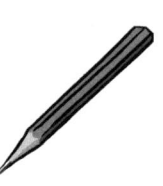

crayon

der Bleistift

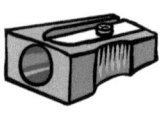

taille-crayon

der Bleistiftspitzer

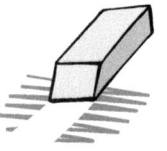

gomme

der Radierer

carnet à dessin

der Zeichenblock

dessin

die Zeichnung

pinceau

der Pinsel

boîte de peinture

der Malkasten

ciseaux

die Schere

colle

der Klebstoff

cahier d'exercices

das Übungsheft

devoirs

die Hausübung

chiffre

die Zahl

additionner

addieren

soustraire

subtrahieren

multiplier

multiplizieren

calculer

rechnen

lettre

der Buchstabe

alphabet

das Alphabet

mot

das Wort

texte

der Text

lire

lesen

craie

die Kreide

leçon

die Unterrichtsstunde

livre de classe

das Klassenbuch

examen

die Prüfung

certificat

das Zeugnis

uniforme scolaire

die Schuluniform

formation

die Ausbildung

lexique

das Lexikon

université

die Universität

microscope

das Mikroskop

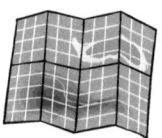

carte

die Karte

corbeille à papier

der Papierkorb

école - die Schule

voyage
die Reise

hôtel
das Hotel
Grand
auberge
die Jugendherberge
bureau de change
die Wechselstube
valise
der Koffer
voiture
das Auto

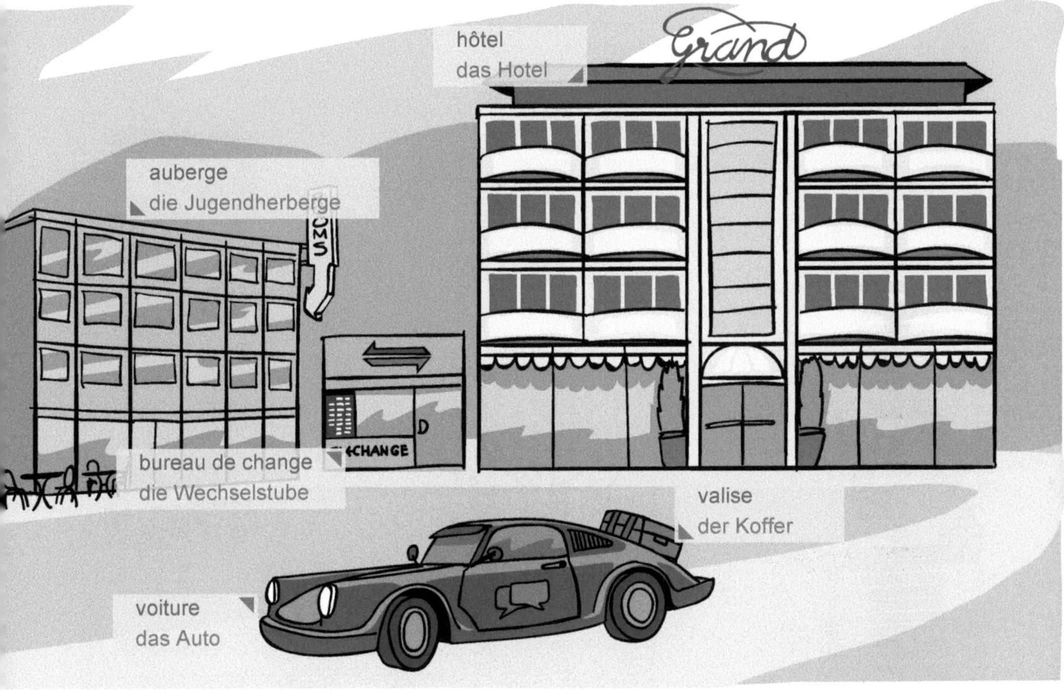

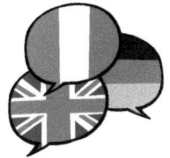

langue

die Sprache

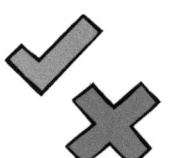

oui / non

ja / nein

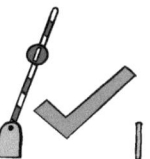

d'accord

Okay

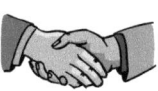

Salut

Hallo

interprète

die Dolmetscherin

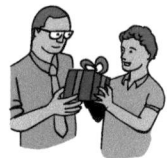

merci

Danke

Combien coûte...?

Wie viel kostet ...?

Je ne comprends pas

Ich verstehe nicht.

problème

das Problem

Bonsoir !

Guten Abend!

Bonjour !

Guten Morgen!

Bonne nuit !

Gute Nacht!

Au revoir

Auf Wiederschaun!

direction

die Richtung

bagages

das Gepäck

sac

die Tasche

sac-à-dos

der Rucksack

hôte

der Gast

pièce

das Zimmer

sac de couchage

der Schlafsack

tente

das Zelt

voyage - die Reise

office de tourisme

die Touristeninformation

plage

der Strand

carte de crédit

die Kreditkarte

petit-déjeuner

das Frühstück

déjeuner

das Mittagessen

dîner

das Abendessen

billet

die Fahrkarte

ascenseur

der Lift

timbre

die Briefmarke

frontière

die Grenze

douane

der Zoll

ambassade

die Botschaft

visa

das Visum

passeport

der Pass

voyage - die Reise

transport
der Transport

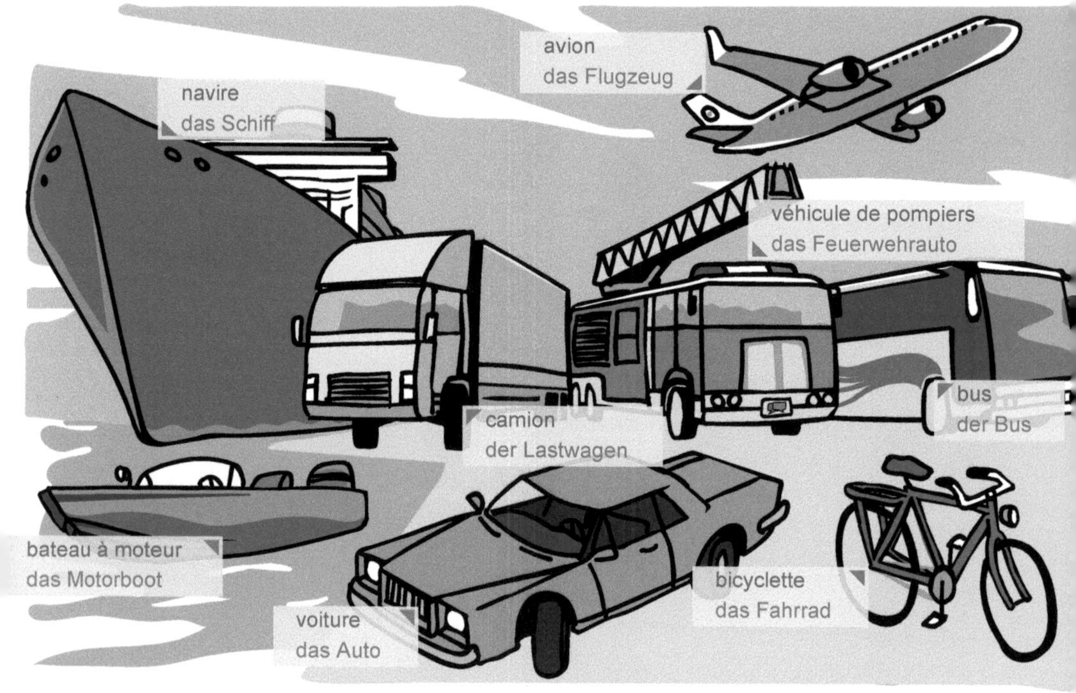
avion
das Flugzeug
navire
das Schiff
véhicule de pompiers
das Feuerwehrauto
bus
der Bus
camion
der Lastwagen
bateau à moteur
das Motorboot
bicyclette
das Fahrrad
voiture
das Auto

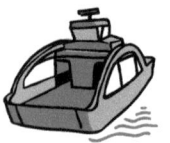

ferry
die Fähre

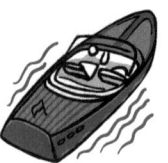

barque
das Boot

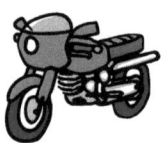

moto
das Motorrad

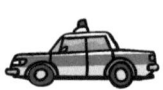

voiture de police
das Polizeiauto

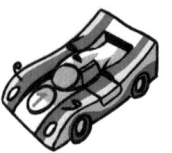

voiture de course
das Rennauto

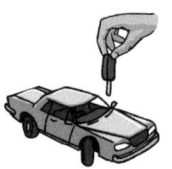

voiture de location
der Mietwagen

auto-partage

das Carsharing

voiture de remorquage

der Abschleppwagen

benne à ordures

der Müllwagen

moteur

der Motor

essence

der Kraftstoff

station d'essence

die Tankstelle

panneau indicateur

das Verkehrsschild

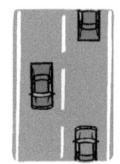

trafic

der Verkehr

embouteillage

der Stau

parking

der Parkplatz

gare

der Bahnhof

rails

die Schienen

train

der Zug

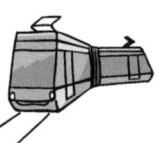

tramway

die Straßenbahn

wagon

der Wagon

hélicoptère

der Hubschrauber

aéroport

der Flughafen

tour

der Tower

passager

der Passagier

conteneur

der Container

carton

der Karton

chariot

der Rollwagen

corbeille

der Korb

décoller / atterrir

starten / landen

ville

die Stadt

village

das Dorf

centre-ville

das Stadtzentrum

maison

das Haus

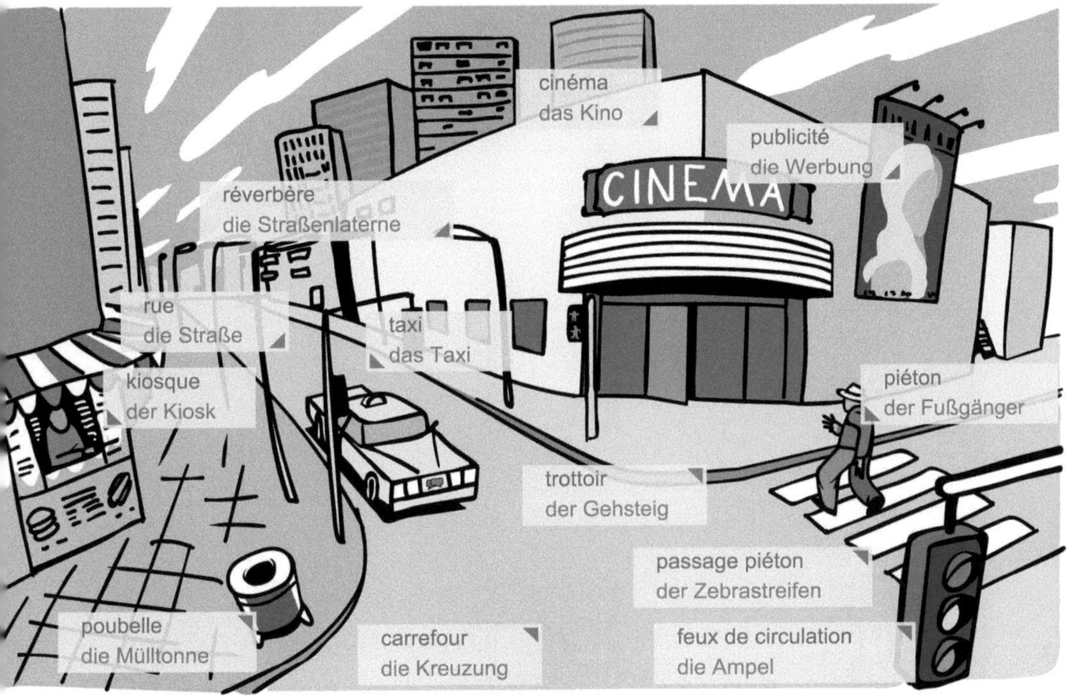

cinéma
das Kino

publicité
die Werbung

réverbère
die Straßenlaterne

rue
die Straße

taxi
das Taxi

kiosque
der Kiosk

piéton
der Fußgänger

trottoir
der Gehsteig

passage piéton
der Zebrastreifen

poubelle
die Mülltonne

carrefour
die Kreuzung

feux de circulation
die Ampel

cabane
die Hütte

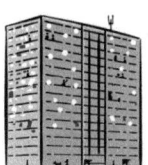

appartement
die Wohnung

gare
der Bahnhof

mairie
das Rathaus

musée
das Museum

école
die Schule

université
die Universität

banque
die Bank

hôpital
das Spital

hôtel
das Hotel

pharmacie
die Apotheke

bureau
das Büro

librairie
die Buchhandlung

magasin
das Geschäft

fleuriste
der Blumenladen

supermarché
der Supermarkt

marché
der Markt

grand magasin
das Kaufhaus

poissonnerie
der Fischhändler

centre commercial
das Einkaufszentrum

port
der Hafen

parc

der Park

banque

die Bank

pont

die Brücke

escaliers

die Stiege

métro

die U-Bahn

tunnel

der Tunnel

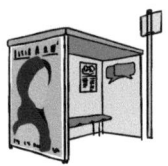

arrêt de bus

die Bushaltestelle

bar

die Bar

restaurant

das Restaurant

boîte à lettres

der Briefkasten

panneau indicateur

das Straßenschild

parcmètre

die Parkuhr

zoo

der Zoo

piscine

die Badeanstalt

mosquée

die Moschee

ferme
der Bauernhof

pollution
die Umweltverschmutzung

cimetière
der Friedhof

église
die Kirche

aire de jeux
der Spielplatz

temple
der Tempel

paysage
die Landschaft

feuille
das Blatt

panneau indicateur
der Wegweiser

chemin
der Weg

pré
die Wiese

pierre
der Stein

arbre
der Baum

randonneur
der Wanderer

rivière
der Fluss

herbe
das Gras

fleur
die Blume

vallée
....
das Tal

montagne
....
der Hügel

lac
....
der See

forêt
....
der Wald

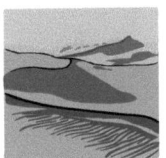

désert
....
die Wüste

volcan
....
der Vulkan

château
....
das Schloss

arc-en-ciel
....
der Regenbogen

champignon
....
der Pilz

palmier
....
die Palme

moustique
....
der Moskito

mouche
....
die Fliege

fourmis
....
die Ameise

abeille
....
die Biene

araignée
....
die Spinne

coléoptère

der Käfer

grenouille

der Frosch

écureuil

das Eichhörnchen

hérisson

der Igel

lièvre

der Hase

chouette

die Eule

oiseau

die Vogel

cygne

der Schwan

sanglier

das Wildschwein

cerf

der Hirsch

élan

der Elch

barrage

der Staudamm

éolienne

das Windrad

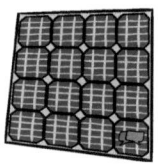

panneau solaire

das Solarmodul

climat

das Klima

restaurant

das Restaurant

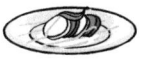

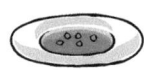

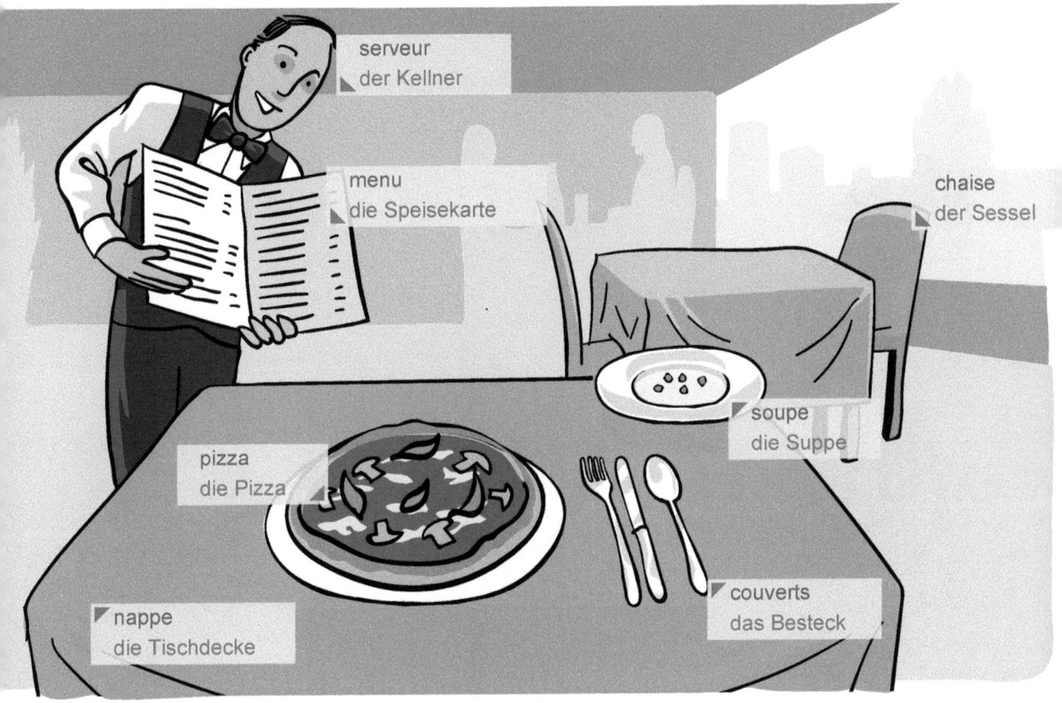

serveur
der Kellner
menu
die Speisekarte
chaise
der Sessel
soupe
die Suppe
pizza
die Pizza
couverts
das Besteck
nappe
die Tischdecke

hors d'œuvre

die Vorspeise

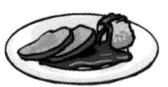

plat principal

das Hauptgericht

dessert

die Nachspeise

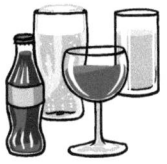

boissons

die Getränke

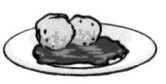

alimentation

das Essen

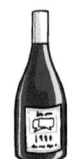

bouteille

die Flasche

fast-food

das Fastfood

plats à emporter

das Streetfood

théière

die Teekanne

sucrier

die Zuckerdose

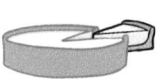

portion

die Portion

machine à expresso

die Espressomaschine

chaise haute

der Kinderstuhl

facture

die Rechnung

plateau

das Tablett

couteau

das Messer

fourchette

die Gabel

cuillère

der Löffel

cuillère à thé

der Teelöffel

serviette

die Serviette

verre

das Glas

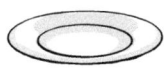

assiette

der Teller

assiette à soupe

der Suppenteller

soucoupe

die Untertasse

sauce

die Sauce

salière

der Salzstreuer

moulin à poivre

die Pfeffermühle

vinaigre

der Essig

huile

das Öl

épices

die Gewürze

ketchup

das Ketchup

moutarde

der Senf

mayonnaise

die Mayonnaise

supermarché
der Supermarkt

offre promotionnelle
das Angebot
client
der Kunde
produits laitiers
die Milchprodukte
fruits
das Obst
chariot
der Einkaufswagen
FOR

BUTCHERS

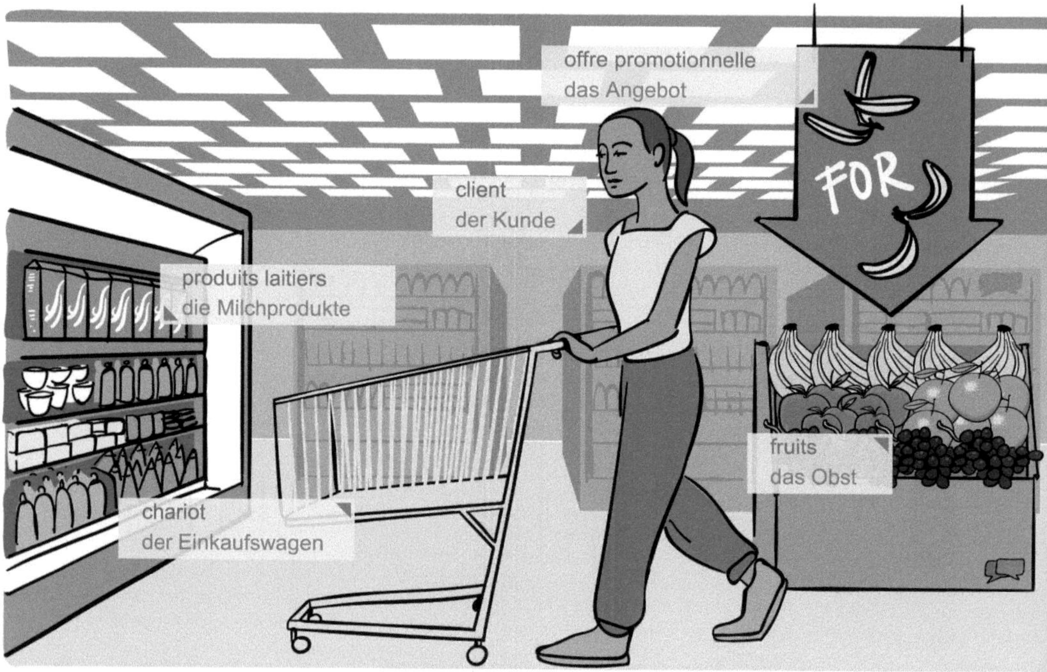

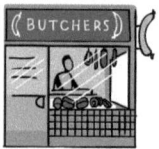

boucherie

die Schlachterei

BAKERY

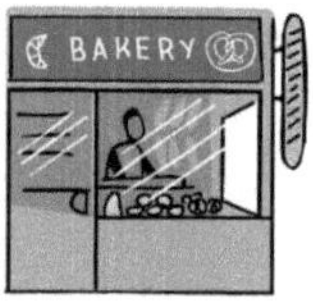

boulangerie

die Bäckerei

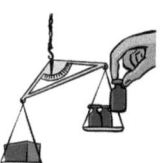

peser

wiegen

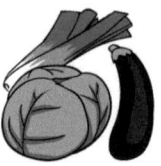

légumes

das Gemüse

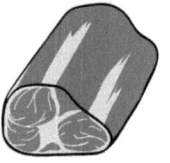

viande

das Fleisch

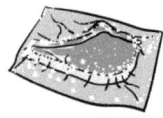

aliments surgelés

die Tiefkühlkost

charcuterie

der Aufschnitt

conserves

die Konserven

poudre à lessive

das Waschmittel

bonbons

die Süßigkeiten

articles ménagers

die Haushaltsartikel

détergents

das Reinigungsmittel

vendeuse

die Verkäuferin

caisse

die Kassa

caissier

die Kassiererin

liste d'achats

die Einkaufsliste

heures d'ouverture

die Öffnungszeiten

portefeuille

die Brieftasche

carte de crédit

die Kreditkarte

sac

die Tasche

sac en plastique

die Plastiktüte

eau

das Wasser

jus de fruit

der Saft

lait

die Milch

coca

die Cola

vin

der Wein

bière

das Bier

alcool

der Alkohol

chocolat chaud

der Kakao

thé

der Tee

café

der Kaffee

expresso

der Espresso

cappuccino

der Cappuccino

banane

die Banane

pomme

der Apfel

orange

die Orange

melon

die Melone

citron

die Zitrone

carotte

die Karotte

ail

der Knoblauch

bambou

der Bambus

oignon

die Zwiebel

champignon

der Pilz

noisettes

die Nüsse

pâtes

die Nudeln

spaghetti

die Spaghetti

riz

der Reis

salade

der Salat

pommes frites

die Pommes frites

pommes de terre rôties

die Bratkartoffeln

pizza

die Pizza

hamburger

der Hamburger

sandwich

das Sandwich

escalope

das Schnitzel

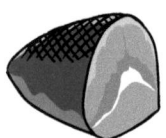

jambon

der Schinken

salami

die Salami

saucisse

die Wurst

poulet

das Huhn

rôti

der Braten

poisson

der Fisch

flocons d'avoine

die Haferflocken

muesli

das Müsli

cornflakes

die Cornflakes

farine

das Mehl

croissant

das Croissant

petits-pains

die Semmel

pain

das Brot

pain grillé

der Toast

biscuits

die Kekse

beurre

die Butter

le fromage blanc

der Topfen

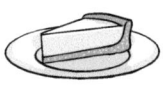

gâteau

der Kuchen

œuf

das Ei

œuf au plat

das Spiegelei

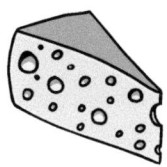

fromage

der Käse

glace

die Eiscreme

sucre

der Zucker

miel

der Honig

confiture

die Marmelade

crème nougat

der Schokoladenaufstrich

curry

das Curry

alimentation - das Essen

ferme

der Bauernhof

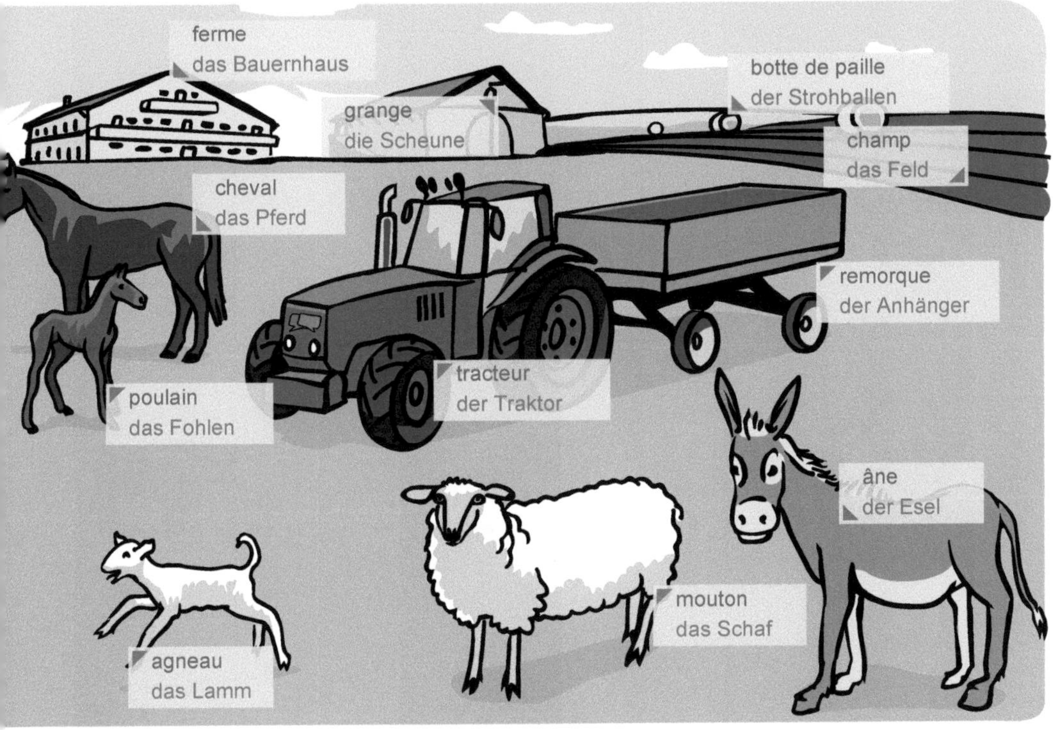
ferme
das Bauernhaus
grange
die Scheune
botte de paille
der Strohballen
champ
das Feld
cheval
das Pferd
remorque
der Anhänger
tracteur
der Traktor
poulain
das Fohlen
âne
der Esel
mouton
das Schaf
agneau
das Lamm

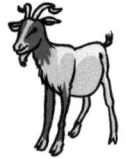

chèvre

die Ziege

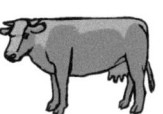

vache

die Kuh

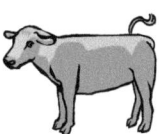

veau

das Kalb

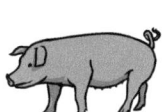

porc

das Schwein

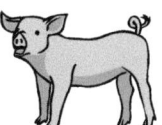

porcelet

das Ferkel

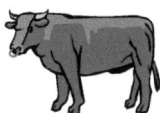

taureau

der Stier

oie

die Gans

canard

die Ente

poussin

das Küken

poule

das Huhn

coq

der Hahn

rat

die Ratte

chat

die Katze

souris

die Maus

bœuf

der Ochse

chien

der Hund

chenil

die Hundehütte

tuyau de jardin

der Gartenschlauch

arrosoir

die Gießkanne

faucheuse

die Sense

charrue

der Pflug

faucille
die Sichel

pioche
die Hacke

fourche
die Mistgabel

hache
die Axt

brouette
die Schubkarre

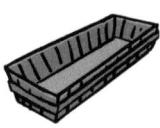

cuve
der Trog

pot à lait
die Milchkanne

sac
der Sack

clôture
der Zaun

étable
der Stall

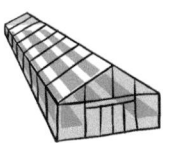

serre
das Treibhaus

sol
der Boden

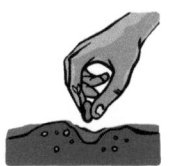

semences
die Saat

engrais
der Dünger

moissonneuse-batteuse
der Mähdrescher

récolter
ernten

récolte
die Ernte

igname
die Yamswurzel

blé
der Weizen

soja
das Soja

pomme de terre
der Erdapfel

maïs
der Mais

colza
der Raps

arbre fruitier
der Obstbaum

manioc
der Maniok

céréales
das Getreide

maison
das Haus

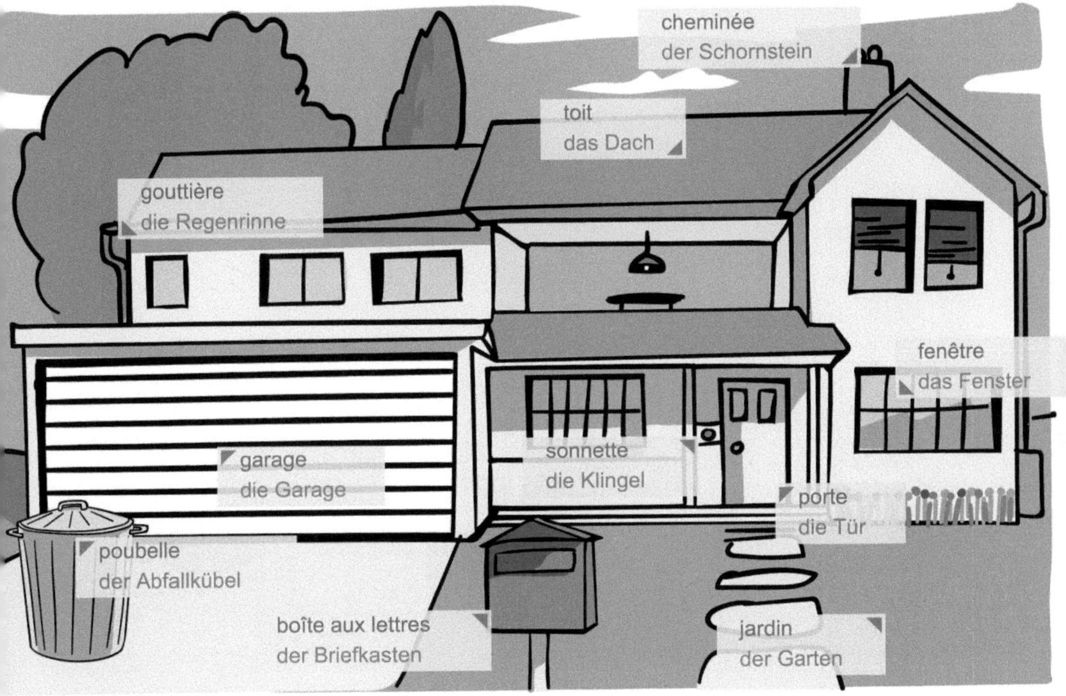
cheminée
der Schornstein
toit
das Dach
gouttière
die Regenrinne
fenêtre
das Fenster
sonnette
die Klingel
garage
die Garage
porte
die Tür
poubelle
der Abfallkübel
boîte aux lettres
der Briefkasten
jardin
der Garten

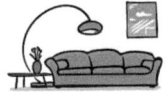

salon

das Wohnzimmer

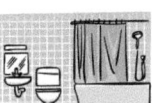

salle de bain

das Badezimmer

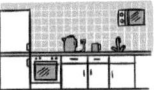

cuisine

die Küche

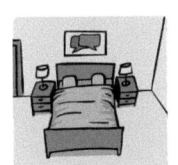

chambre à coucher

das Schlafzimmer

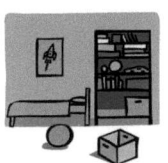

chambre d'enfant

das Kinderzimmer

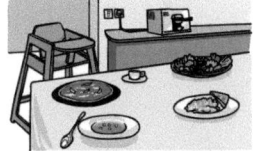

salle à manger

das Esszimmer

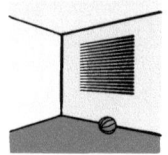

sol

der Boden

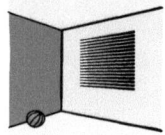

mur

die Wand

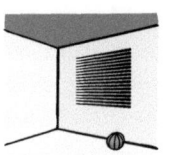

plafond

die Decke

cave

der Keller

sauna

die Sauna

balcon

der Balkon

terrasse

die Terrasse

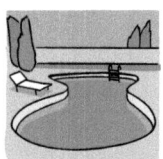

piscine

das Schwimmbad

tondeuse à gazon

der Rasenmäher

housse

der Bettbezug

couette

die Bettdecke

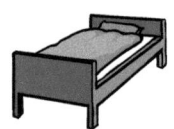

lit

das Bett

balai

der Besen

sceau

der Kübel

interrupteur

der Schalter

salon
das Wohnzimmer

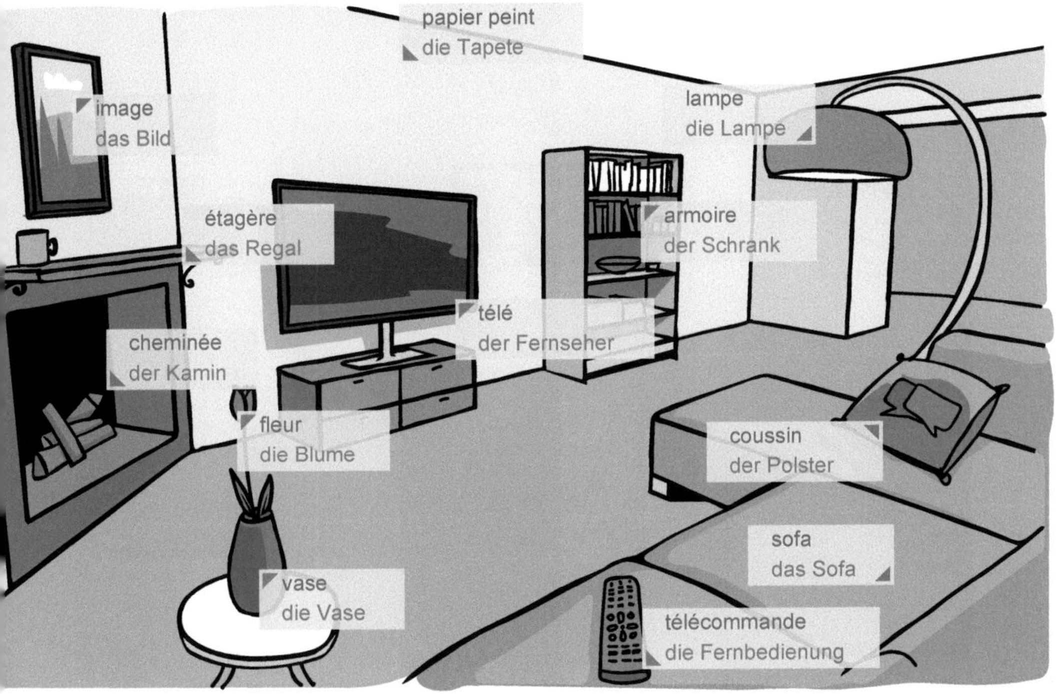
papier peint
die Tapete
image
das Bild
lampe
die Lampe
étagère
das Regal
armoire
der Schrank
télé
der Fernseher
cheminée
der Kamin
fleur
die Blume
coussin
der Polster
sofa
das Sofa
vase
die Vase
télécommande
die Fernbedienung

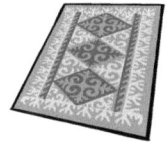

tapis
der Teppich

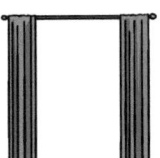

rideau
der Vorhang

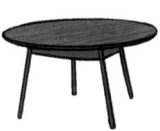

table
der Tisch

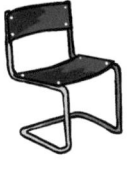

chaise
der Sessel

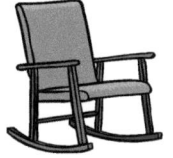

chaise à bascule
der Schaukelstuhl

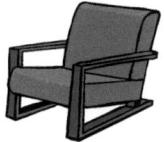

fauteuil
der Sessel

livre

das Buch

couverture

die Decke

décoration

die Dekoration

bois de chauffage

das Feuerholz

film

der Film

chaîne hi-fi

die Stereoanlage

clé

der Schlüssel

journal

die Zeitung

peinture

das Gemälde

poster

das Poster

radio

das Radio

bloc-notes

der Notizblock

aspirateur

der Staubsauger

cactus

der Kaktus

bougie

die Kerze

cuisine
die Küche

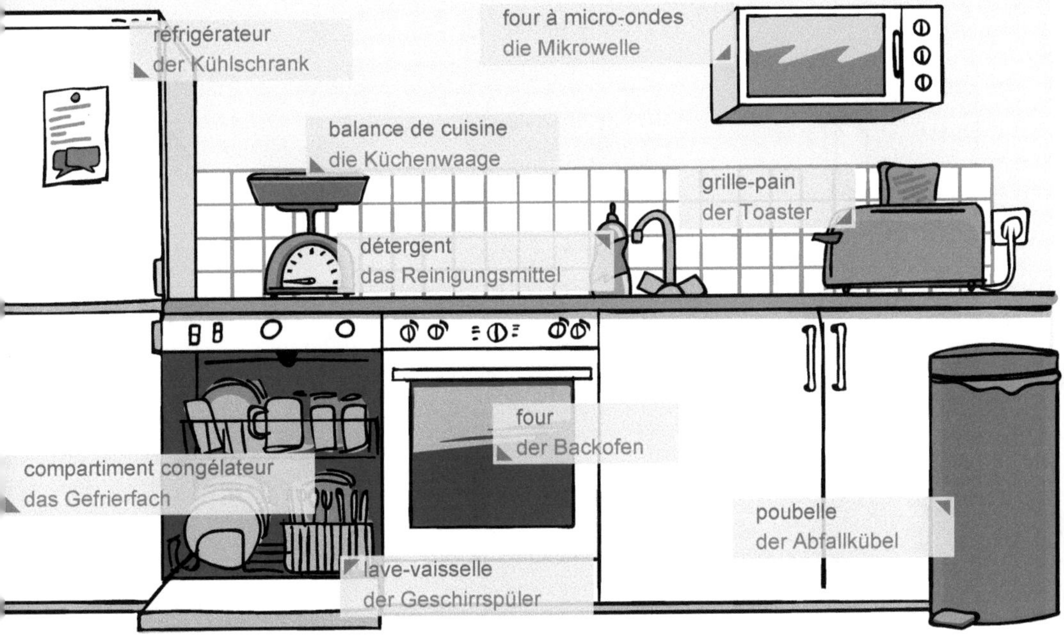

réfrigérateur
der Kühlschrank
four à micro-ondes
die Mikrowelle
balance de cuisine
die Küchenwaage
grille-pain
der Toaster
détergent
das Reinigungsmittel
four
der Backofen
compartiment congélateur
das Gefrierfach
poubelle
der Abfallkübel
lave-vaisselle
der Geschirrspüler

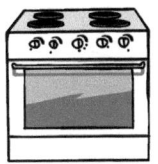

four

der Herd

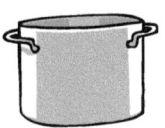

casserole

der Topf

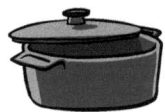

marmite

der Eisentopf

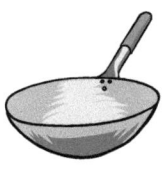

wok / kadai

der Wok / Kadai

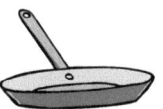

poêle

die Pfanne

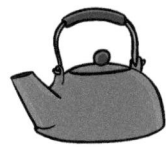

bouilloire electrique

der Wasserkocher

cuiseur vapeur

der Dampfgarer

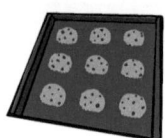

plaque de cuisson

das Backblech

vaisselle

das Geschirr

gobelet

der Becher

coupe

die Schale

baguettes

die Essstäbchen

louche

der Schöpflöffel

spatule

der Pfannenwender

fouet

der Schneebesen

passoire

das Kochsieb

tamis

das Sieb

râpe

die Reibe

mortier

der Mörser

barbecue

der Grill

cheminée

das Kaminfeuer

planche à découper

das Schneidebrett

rouleau à pâtisserie

das Nudelholz

tire-bouchon

der Korkenzieher

boîte

die Dose

ouvre-boîte

der Dosenöffner

maniques

der Topflappen

lavabo

das Waschbecken

brosse

die Bürste

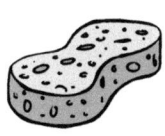

éponge

der Schwamm

mixeur

der Mixer

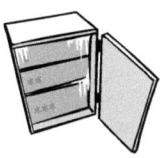

congélateur

die Gefriertruhe

biberon

die Babyflasche

robinet

der Wasserhahn

salle de bain
das Badezimmer

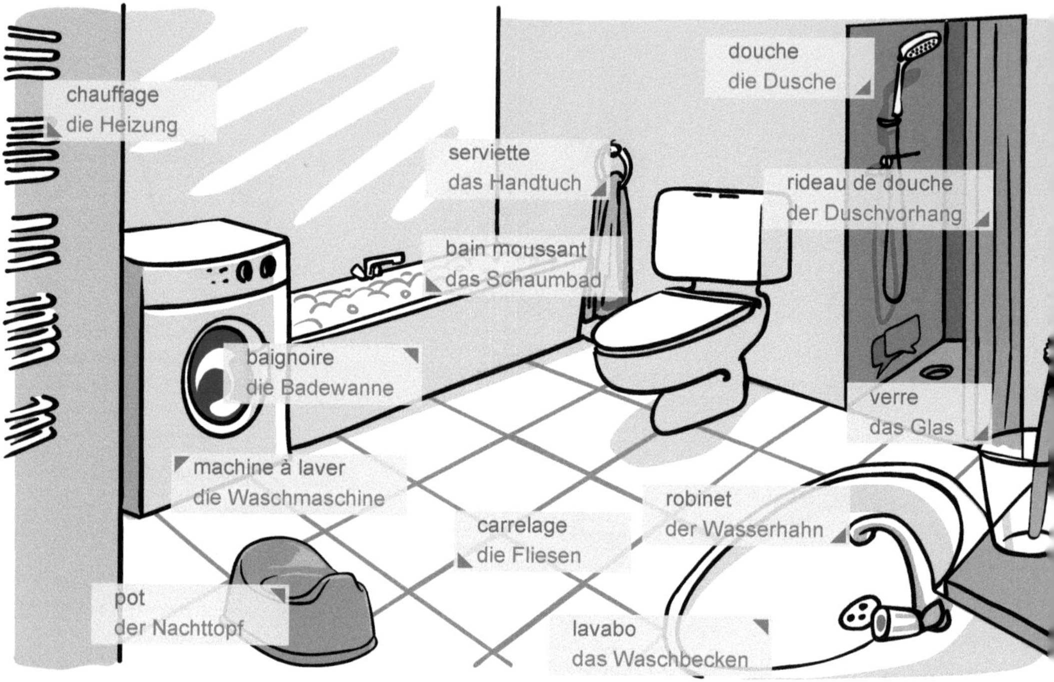

chauffage
die Heizung
douche
die Dusche
serviette
das Handtuch
rideau de douche
der Duschvorhang
bain moussant
das Schaumbad
baignoire
die Badewanne
verre
das Glas
machine à laver
die Waschmaschine
robinet
der Wasserhahn
carrelage
die Fliesen
pot
der Nachttopf
lavabo
das Waschbecken

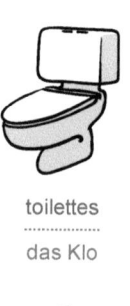

toilettes

das Klo

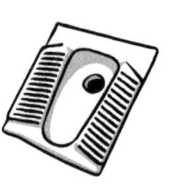

toilette à la turque

die Hocktoilette

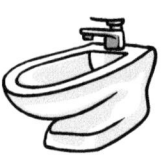

bidet

das Bidet

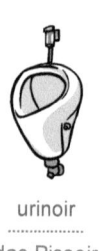

urinoir

das Pissoir

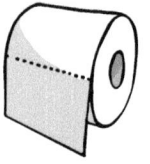

papier toilette

das Klopapier

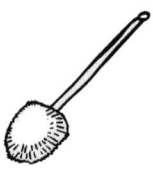

brosse à toilette

die Klobürste

brosse à dents

die Zahnbürste

dentifrice

die Zahnpasta

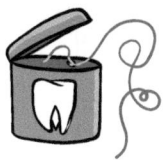

fil dentaire

die Zahnseide

laver

waschen

douche manuelle

die Handbrause

douche intime

die Intimdusche

vasque

die Waschschüssel

brosse dorsale

die Rückenbürste

savon

die Seife

gel douche

das Duschgel

shampooing

das Shampoo

gant de toilette

der Waschlappen

écoulement

der Abfluss

crème

die Creme

déodorant

das Deodorant

miroir

der Spiegel

miroir cosmétique

der Kosmetikspiegel

rasoir

der Rasierer

mousse à raser

der Rasierschaum

après-rasage

das Rasierwasser

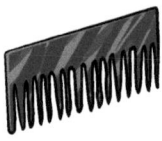

peigne

der Kamm

brosse

die Bürste

sèche-cheveux

der Föhn

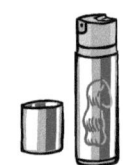

laque pour cheveux

das Haarspray

fond de teint

das Makeup

rouge à lèvres

der Lippenstift

vernis à ongles

der Nagellack

ouate

die Watte

coupe-ongles

die Nagelschere

parfum

das Parfum

trousse de toilette

der Kulturbeutel

tabouret

der Hocker

pèse-personne

die Waage

peignoir

der Bademantel

gants de nettoyage

die Gummihandschuhe

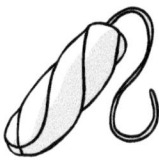

tampon

das Tampon

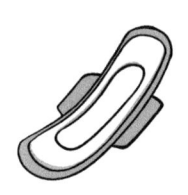

serviettes hygiéniques

die Damenbinde

toilette chimique

die Chemietoilette

chambre d'enfant
das Kinderzimmer

réveil
der Wecker
doudou
das Kuscheltier
voiture jouet
das Spielzeugauto
hochet
die Rassel
maison de poupée
das Puppenhaus
cadeau
das Geschenk

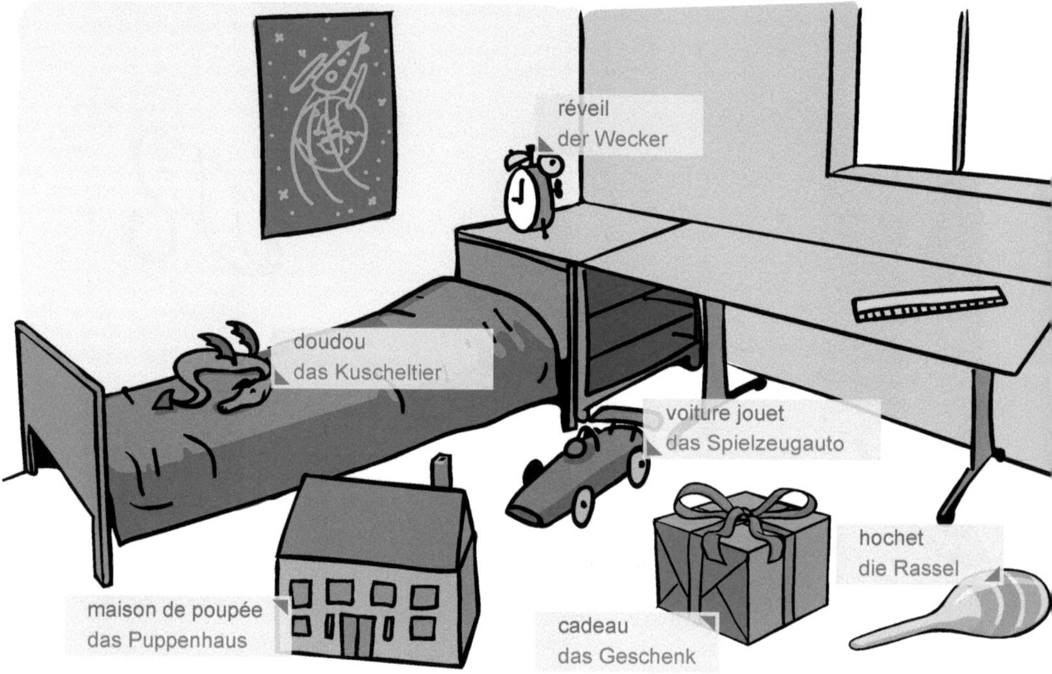

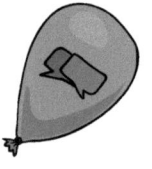

ballon
der Ballon

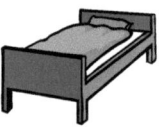

lit
das Bett

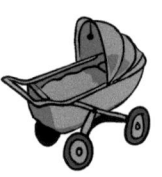

poussette
der Kinderwagen

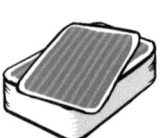

jeu de cartes
das Kartenspiel

puzzle
das Puzzle

SUPER
MEGA

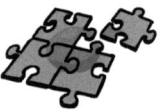

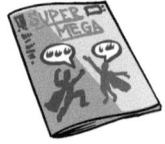

bande dessinée
der Comic

pièces lego

die Legosteine

blocs de construction

die Bausteine

figurine

die Actionfigur

grenouillère

der Strampelanzug

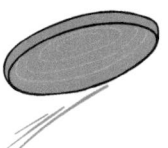

frisbee

das Frisbee

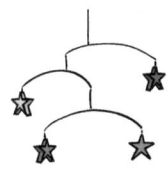

mobile

das Mobile

jeu de société

das Brettspiel

dé

der Würfel

train miniature

die Modelleisenbahn

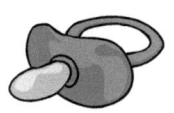

sucette

der Schnuller

fête

die Party

livre d'images

das Bilderbuch

balle

der Ball

poupée

die Puppe

jouer

spielen

bac à sable
....
der Sandkasten

balançoire
....
die Schaukel

jouets
....
das Spielzeug

console de jeu
....
die Spielkonsole

tricycle
....
das Dreirad

ours en peluche
....
der Teddy

armoire
....
der Kleiderschrank

vêtements
die Kleidung

chaussettes
....
die Socken

bas
....
die Strümpfe

collant
....
die Strumpfhose

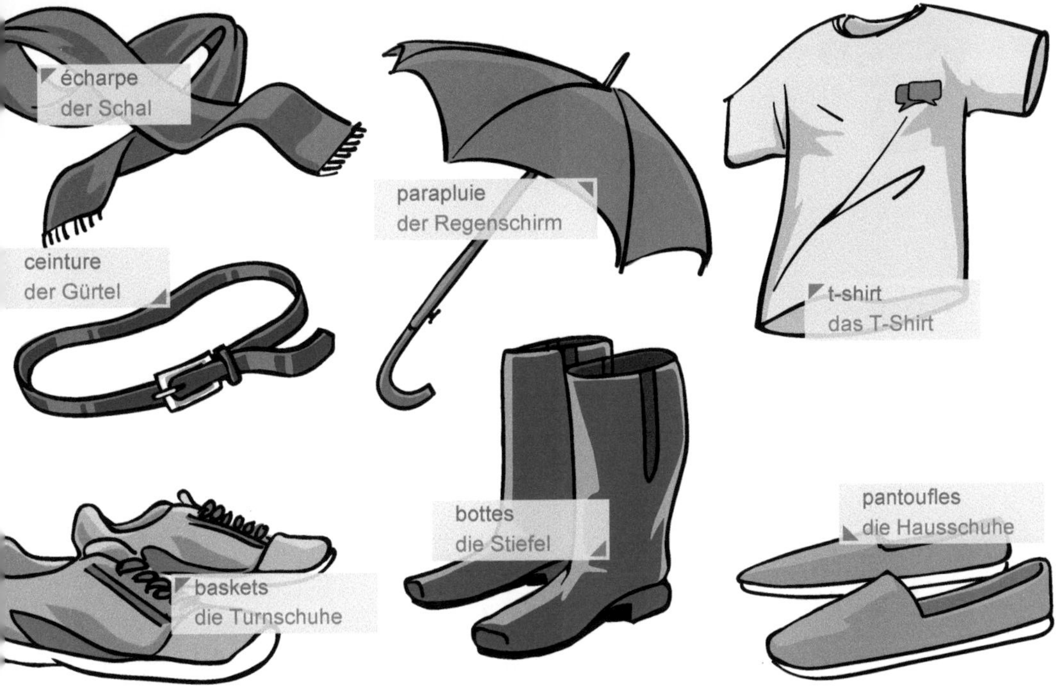

écharpe
der Schal

ceinture
der Gürtel

parapluie
der Regenschirm

t-shirt
das T-Shirt

baskets
die Turnschuhe

bottes
die Stiefel

pantoufles
die Hausschuhe

sandales

die Sandalen

chaussures

die Schuhe

bottes de caoutchouc

die Gummistiefel

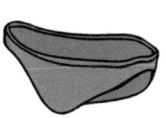

sous-vêtements

die Unterhose

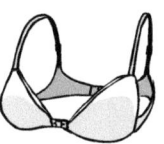

soutien-gorge

der Büstenhalter

maillot de corps

das Unterhemd

vêtements - die Kleidung

body
der Body

pantalon
die Hose

jean
die Jeans

jupe
der Rock

chemisier
die Bluse

chemise
das Hemd

pull
der Pullover

sweat à capuche
der Kapuzenpullover

veste
der Blazer

veste
die Jacke

manteau
der Mantel

imperméable
der Regenmantel

costume
das Kostüm

robe
das Kleid

robe de mariée
das Hochzeitskleid

costume

der Anzug

chemise de nuit

das Nachthemd

pyjama

der Pyjama

sari

der Sari

foulard

das Kopftuch

turban

der Turban

burqa

die Burka

caftan

der Kaftan

abaya

die Abaya

maillot de bain

der Badeanzug

maillot de bain

die Badehose

short

die kurze Hose

tenue d'entraînement

der Jogginganzug

tablier

die Schürze

gants

die Handschuhe

vêtements - die Kleidung

bouton

der Knopf

lunettes

die Brille

bracelet

das Armband

collier

die Halskette

bague

der Ring

boucle d'oreille

der Ohrring

bonnet

die Mütze

cintre

der Kleiderbügel

chapeau

der Hut

cravate

die Krawatte

fermeture éclair

der Reißverschluss

casque

der Helm

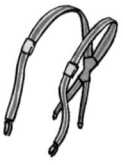

bretelles

der Hosenträger

uniforme scolaire

die Schuluniform

uniforme

die Uniform

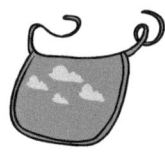

bavoir

das Lätzchen

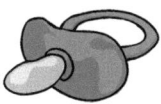

sucette

der Schnuller

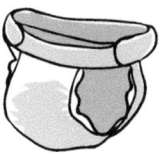

lange

die Windel

bureau

das Büro

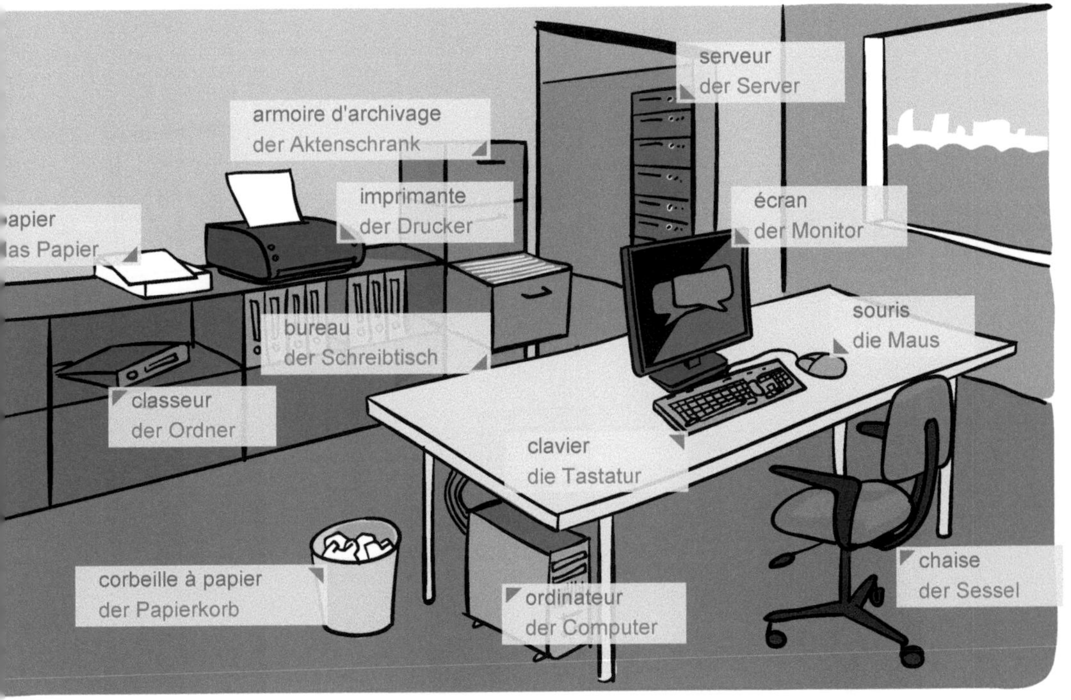

serveur
der Server
armoire d'archivage
der Aktenschrank
imprimante
der Drucker
apier
as Papier
écran
der Monitor
souris
die Maus
bureau
der Schreibtisch
classeur
der Ordner
clavier
die Tastatur
chaise
der Sessel
corbeille à papier
der Papierkorb
ordinateur
der Computer

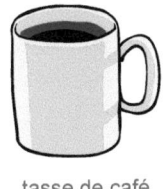

tasse de café

der Kaffeebecher

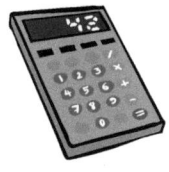

calculatrice

der Taschenrechner

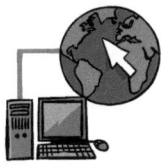

internet

das Internet

ordinateur portable

der Laptop

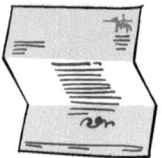

lettre

der Brief

message

die Nachricht

portable

das Handy

réseau

das Netzwerk

photocopieuse

der Kopierer

logiciel

die Software

téléphone

das Telefon

prise

die Steckdose

fax

das Fax

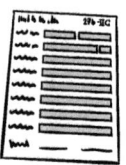

formulaire

das Formular

document

das Dokument

bureau - das Büro

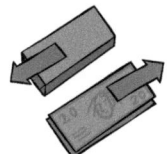

acheter

kaufen

payer

bezahlen

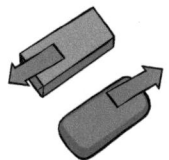

faire du commerce

handeln

monnaie

das Geld

dollar

der Dollar

euro

der Euro

yen

der Yen

rouble

der Rubel

franc suisse

der Franken

renminbi yuan

der Renminbi Yuan

roupie

die Rupie

distributeur automatique

der Bankomat

bureau de change

die Wechselstube

or

das Gold

argent

das Silber

pétrole

das Öl

énergie

die Energie

prix

der Preis

contrat

der Vertrag

taxe

die Steuer

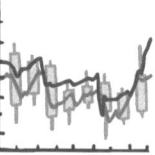

action

die Aktie

travailler

arbeiten

employé

der Angestellte

employeur

der Arbeitgeber

usine

die Fabrik

magasin

das Geschäft

professions
die Berufe

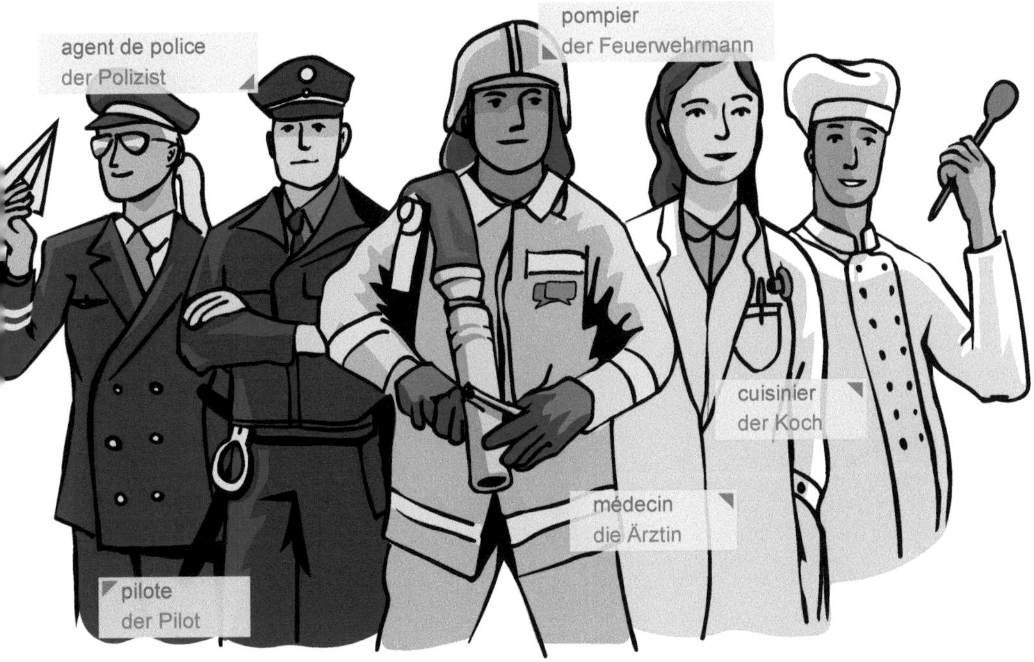
agent de police
der Polizist
pompier
der Feuerwehrmann
cuisinier
der Koch
médecin
die Ärztin
pilote
der Pilot

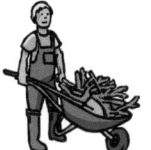

jardinier

der Gärtner

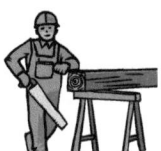

menuisier

der Tischler

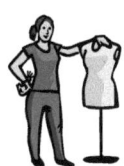

couturière

die Schneiderin

juge

der Richter

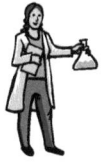

chimiste

die Chemikerin

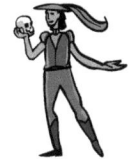

acteur

der Schauspieler

conducteur de bus

der Busfahrer

chauffeur de taxi

der Taxifahrer

pêcheur

der Fischer

femme de ménage

die Putzfrau

couvreur

der Dachdecker

serveur

der Kellner

chasseur

der Jäger

peintre

der Maler

boulanger

der Bäcker

électricien

der Elektriker

ouvrier

der Bauarbeiter

ingénieur

der Ingenieur

boucher

der Schlachter

plombier

der Installateur

facteur

die Briefträgerin

soldat

der Soldat

architecte

der Architekt

caissier

die Kassiererin

fleuriste

die Blumenhändlerin

coiffeur

der Friseur

contrôleur

der Schaffner

mécanicien

der Mechaniker

capitaine

der Kapitän

dentiste

die Zahnärztin

scientifique

der Wissenschaftler

rabbin

der Rabbi

imam

der Imam

moine

der Mönch

prêtre

der Pfarrer

outils
die Werkzeuge

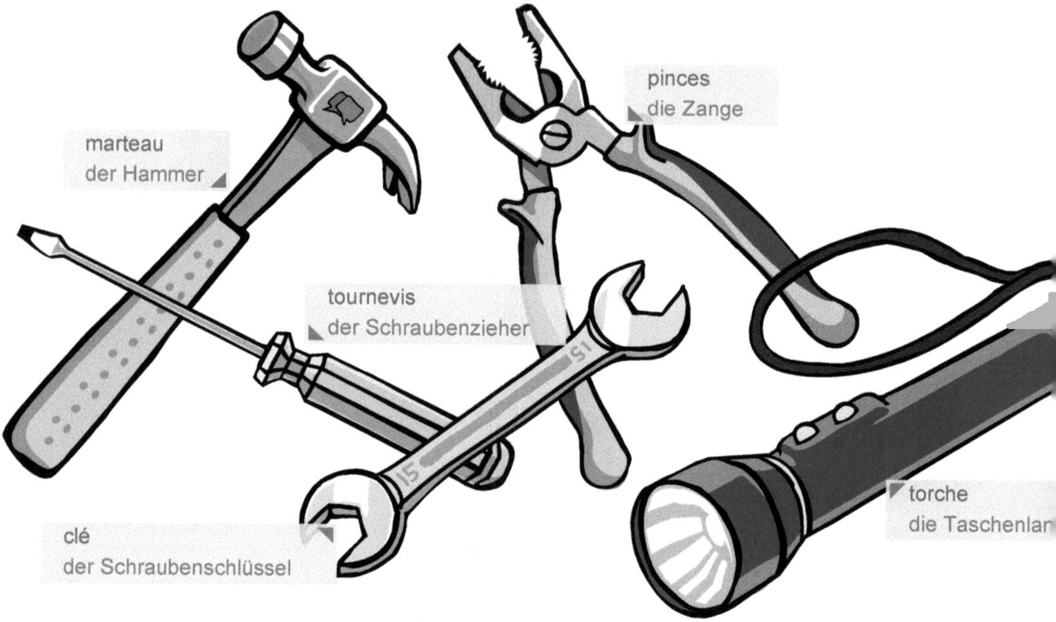
marteau
der Hammer
pinces
die Zange
tournevis
der Schraubenzieher
clé
der Schraubenschlüssel
torche
die Taschenlan

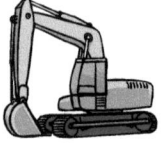

pelleteuse

der Bagger

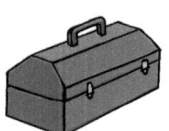

boîte à outils

der Werkzeugkasten

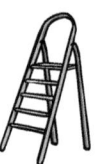

échelle

die Leiter

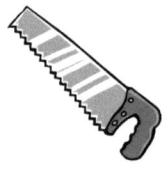

scie

die Säge

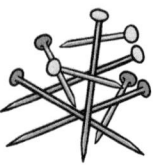

clous

die Nägel

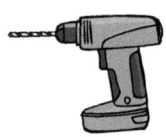

perceuse

der Bohrer

réparer

reparieren

pelle

die Schaufel

Mince !

Scheiße!

pelle

die Kehrschaufel

pot de peinture

der Farbtopf

vis

die Schrauben

instruments de musique
die Musikinstrumente

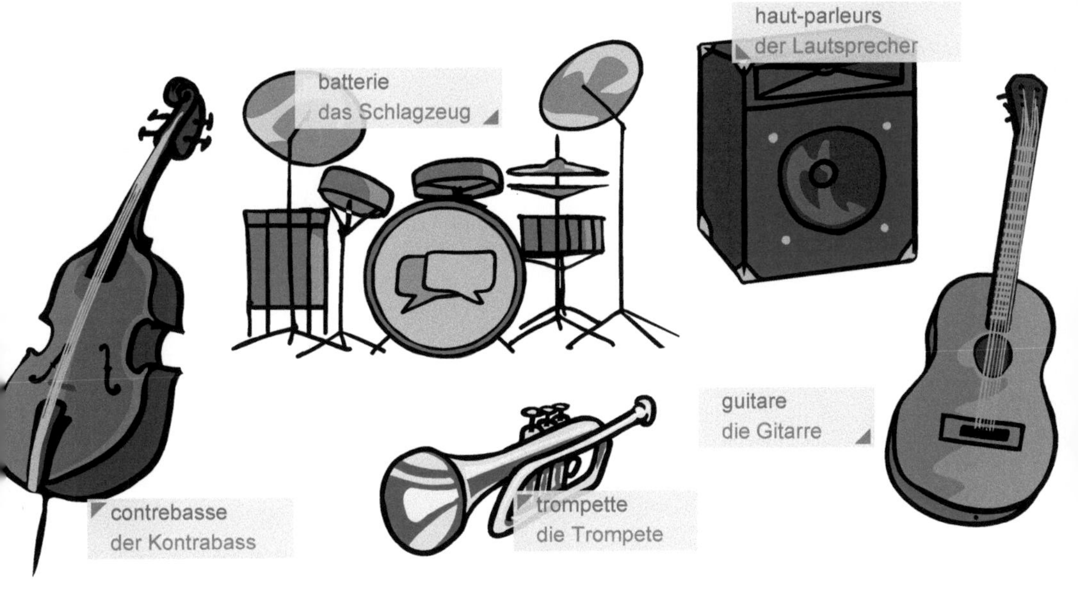

haut-parleurs
der Lautsprecher

batterie
das Schlagzeug

guitare
die Gitarre

contrebasse
der Kontrabass

trompette
die Trompete

piano

das Klavier

violon

die Violine

basse

der Bass

timbales

die Pauke

tambour

die Trommeln

piano électrique

die Tastatur

saxophone

das Saxophon

flûte

die Flöte

microphone

das Mikrofon

ZOO

der Zoo

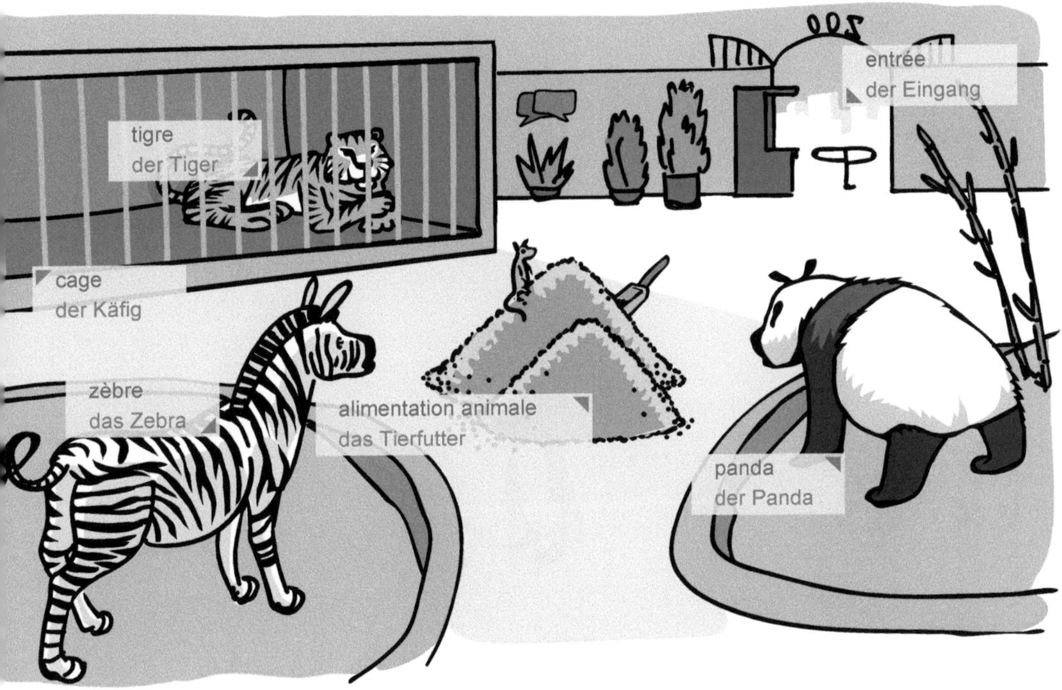

tigre
der Tiger
entrée
der Eingang
cage
der Käfig
zèbre
das Zebra
alimentation animale
das Tierfutter
panda
der Panda

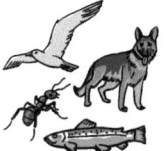

animaux

die Tiere

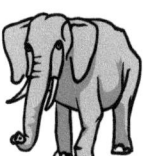

éléphant

der Elefant

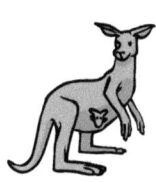

kangourou

das Känguru

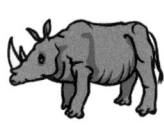

rhinocéros

das Nashorn

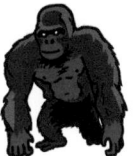

gorille

der Gorilla

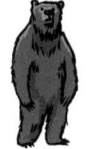

ours

der Bär

chameau

das Kamel

autruche

der Strauß

lion

der Löwe

singe

der Affe

flamand rose

der Flamingo

perroquet

der Papagei

ours polaire

der Eisbär

pingouin

der Pinguin

requin

der Hai

paon

der Pfau

serpent

die Schlange

crocodile

das Krokodil

gardien de zoo

der Zoowärter

phoque

die Robbe

jaguar

der Jaguar

poney

das Pony

léopard

der Leopard

hippopotame

das Nilpferd

girafe

die Giraffe

aigle

der Adler

sanglier

das Wildschwein

poisson

der Fisch

tortue

die Schildkröte

morse

das Walross

renard

der Fuchs

gazelle

die Gazelle

american Football
das American Football

cyclisme
das Radfahren

tennis
das Tennis

basket-ball
der Basketball

natation
das Schwimmen

boxe
das Boxen

hockey sur glace
das Eishockey

football

der Fußball

badminton

das Badminton

athlétisme

die Leichtathletik

handball

der Handball

ski

das Skifahren

polo

das Polo

activités
die Aktivitäten

sauter
springen
embrasser
umarmen
rire
lachen
marcher
gehen
chanter
singen
rêver
träumen
prier
beten
faire la bise
küssen

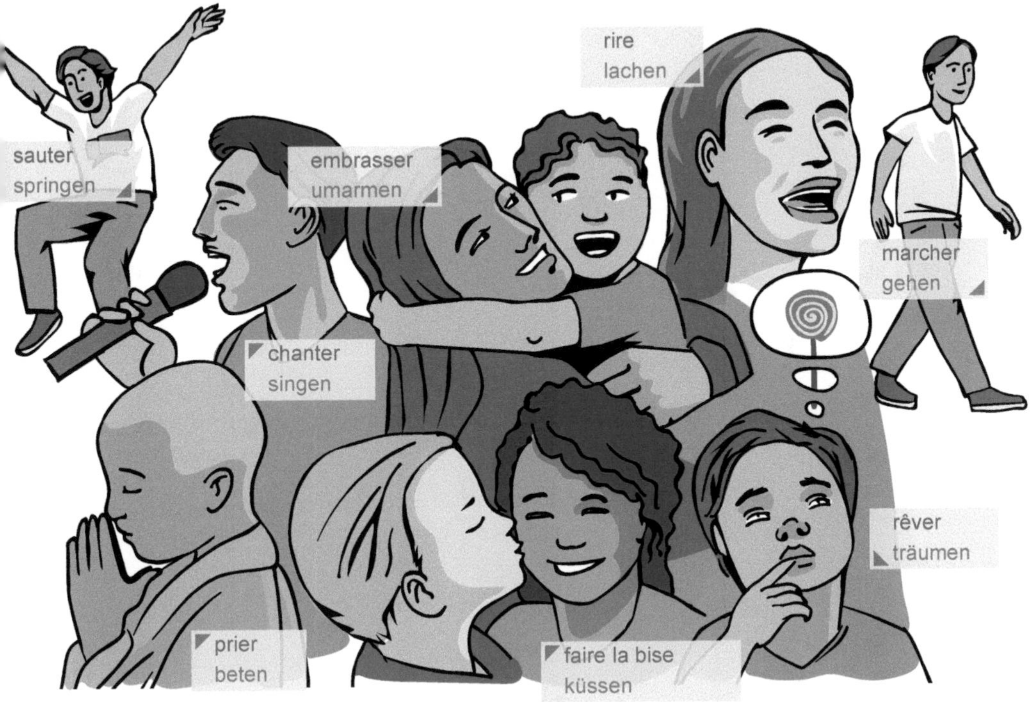

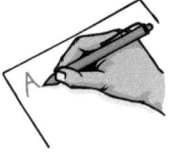

écrire

schreiben

dessiner

zeichnen

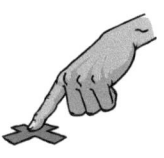

montrer

zeigen

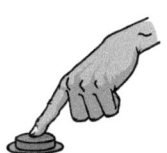

pousser

drücken

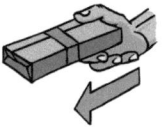

donner

geben

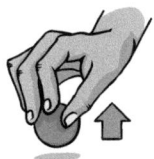

prendre

nehmen

avoir

haben

faire

machen

être

sein

être debout

stehen

courir

laufen

trier

ziehen

jeter

werfen

tomber

fallen

être couché

liegen

attendre

warten

porter

tragen

être assis

sitzen

s'habiller

anziehen

dormir

schlafen

se réveiller

aufwachen

regarder

ansehen

pleurer

weinen

caresser

streicheln

peigner

frisieren

parler

reden

comprendre

verstehen

demander

fragen

écouter

hören

boire

trinken

manger

essen

ranger

zusammenräumen

aimer

lieben

cuire

kochen

conduire

fahren

voler

fliegen

faire de la voile

segeln

calculer

rechnen

lire

lesen

apprendre

lernen

travailler

arbeiten

se marier

heiraten

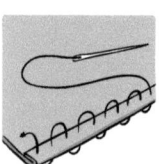

coudre

nähen

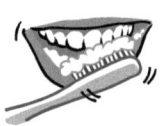

brosser les dents

Zähne putzen

tuer

töten

fumer

rauchen

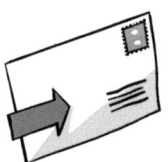

envoyer

senden

activités - die Aktivitäten

famille
die Familie

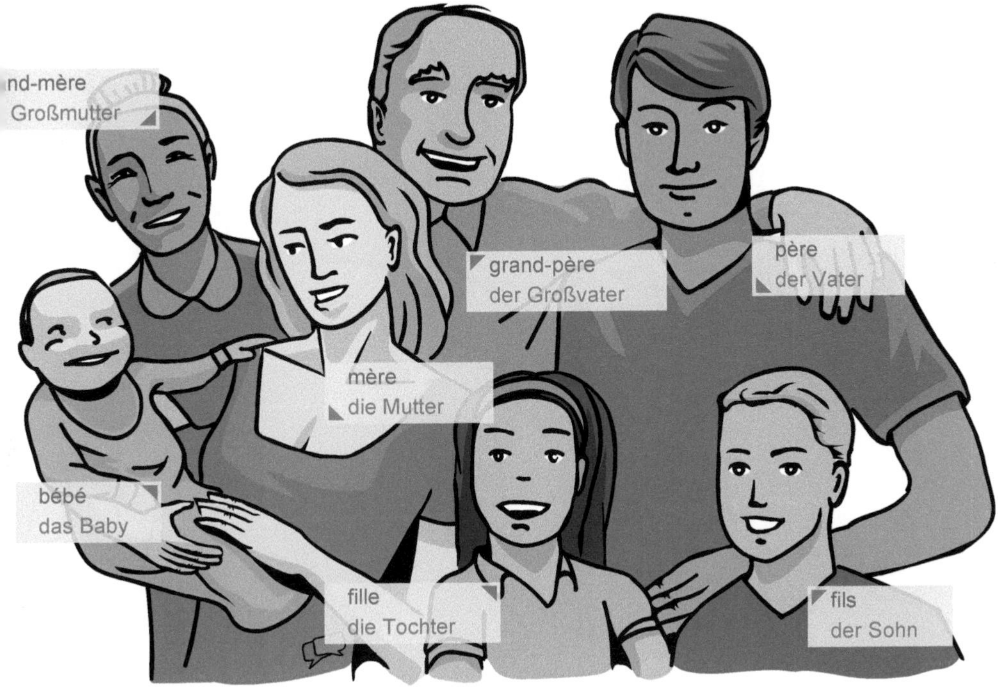

nd-mère
Großmutter
grand-père
der Großvater
père
der Vater
mère
die Mutter
bébé
das Baby
fille
die Tochter
fils
der Sohn

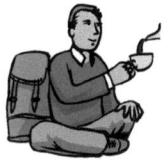

hôte

der Gast

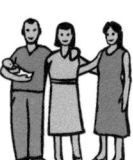

tante

die Tante

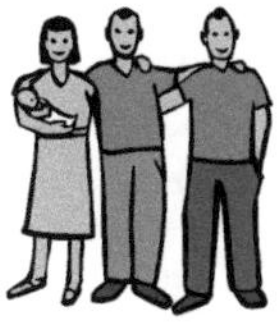

oncle

der Onkel

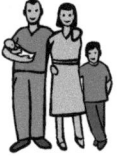

frère

der Bruder

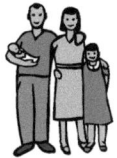

sœur

die Schwester

corps

der Körper

front
die Stirn
œil
das Auge
épaule
die Schulter
doigt
der Finger
visage
das Gesicht
menton
das Kinn
main
die Hand
jambe
das Bein
poitrine
die Brust
bras
der Arm

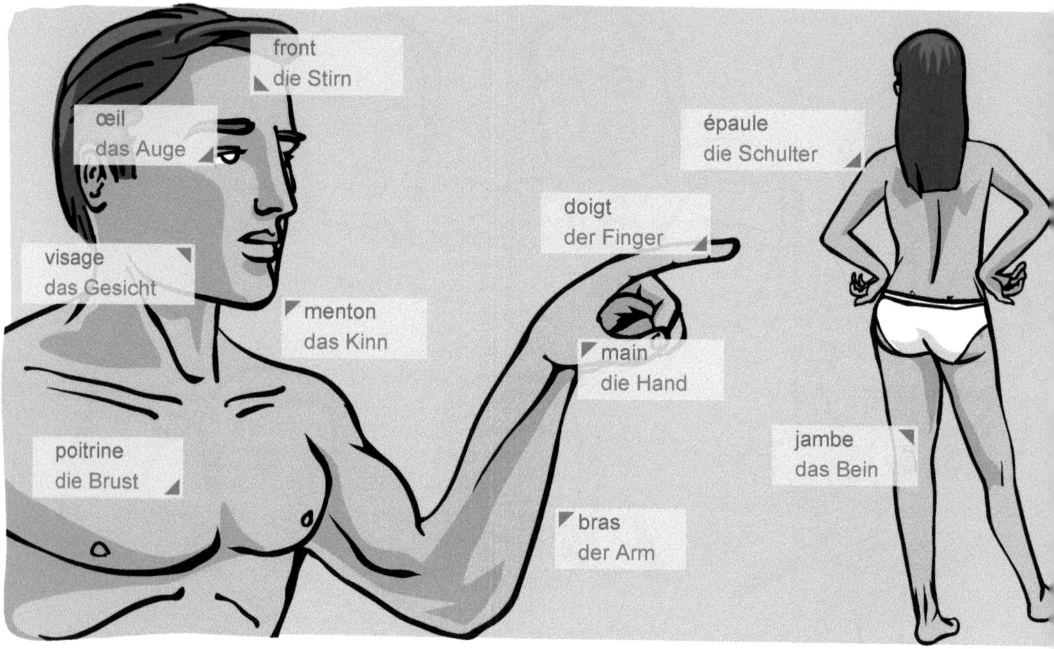

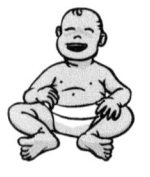

bébé

das Baby

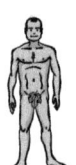

homme

der Mann

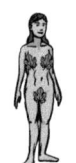

femme

die Frau

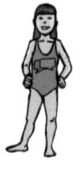

fille

das Mädchen

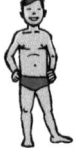

garçon

der Junge

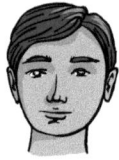

tête

der Kopf

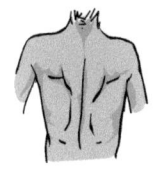

dos
....
der Rücken

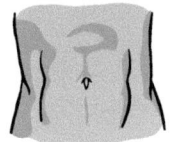

ventre
....
der Bauch

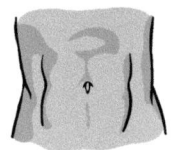

nombril
....
der Nabel

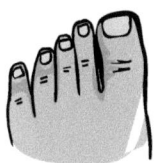

orteil
....
der Zeh

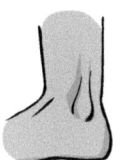

talon
....
die Ferse

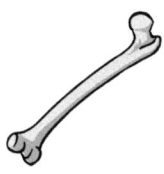

os
....
der Knochen

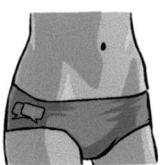

hanche
....
die Hüfte

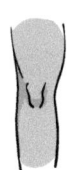

genou
....
das Knie

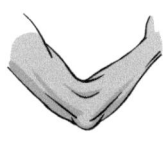

coude
....
der Ellbogen

nez
....
die Nase

fesses
....
das Gesäß

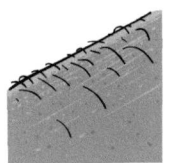

peau
....
die Haut

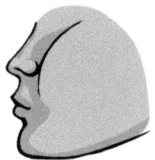

joue
....
die Wange

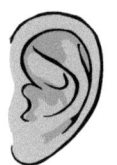

oreille
....
das Ohr

lèvre
....
die Lippe

corps - der Körper

bouche

der Mund

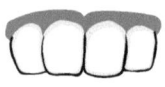

dent

der Zahn

langue

die Zunge

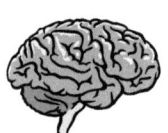

cerveau

das Gehirn

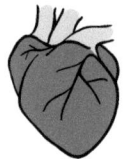

cœur

das Herz

muscle

der Muskel

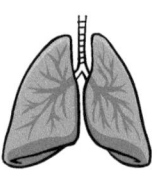

poumons

die Lunge

foie

die Leber

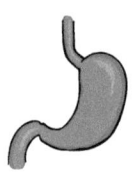

estomac

der Magen

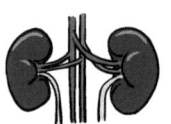

reins

die Nieren

rapport sexuel

der Geschlechtsverkehr

préservatif

das Kondom

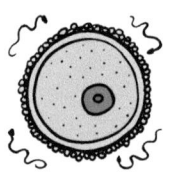

ovule

die Eizelle

sperme

das Sperma

grossesse

die Schwangerschaft

corps - der Körper

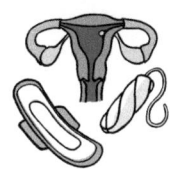

menstruation

die Menstruation

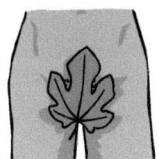

vagin

die Vagina

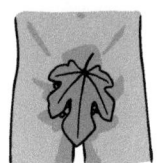

pénis

der Penis

sourcil

die Augenbraue

cheveux

das Haar

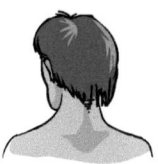

cou

der Hals

hôpital

das Spital

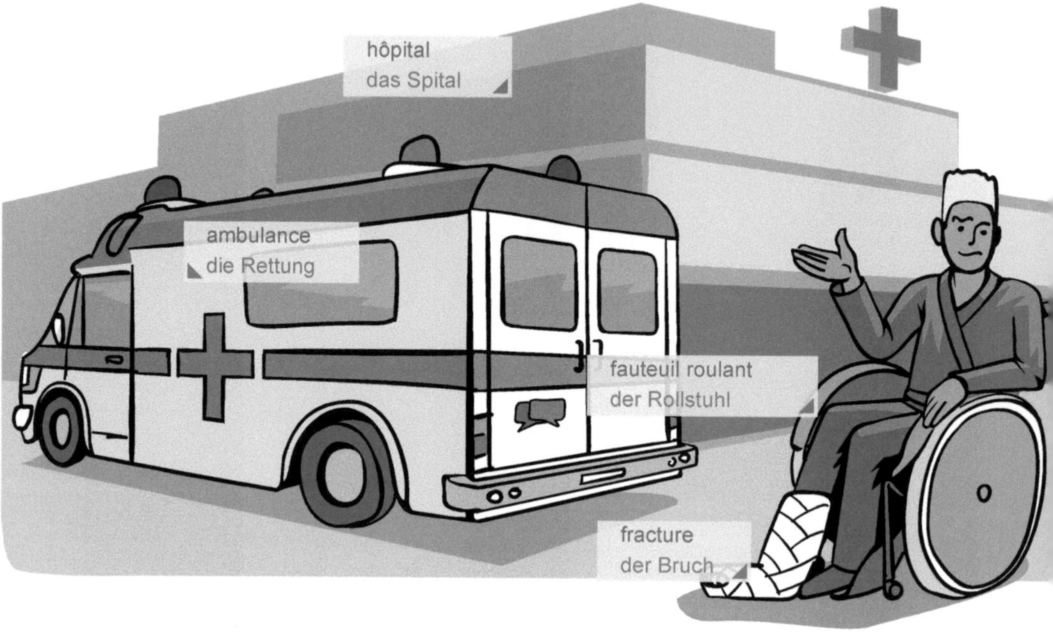

hôpital
das Spital
ambulance
die Rettung
fauteuil roulant
der Rollstuhl
fracture
der Bruch

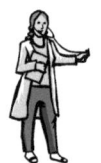

médecin

die Ärztin

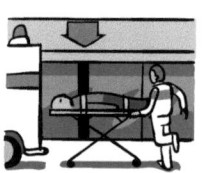

service des urgences

die Notaufnahme

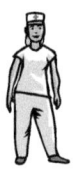

infirmière

die Krankenschwester

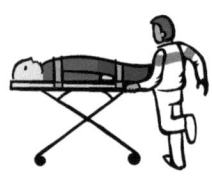

urgence

der Notfall

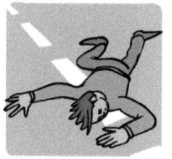

inconscient

ohnmächtig

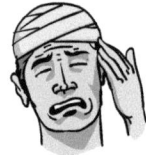

douleur

der Schmerz

blessure

die Verletzung

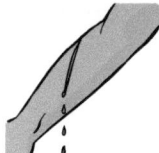

hémorragie

die Blutung

crise cardiaque

der Herzinfarkt

attaque cérébrale

der Schlaganfall

allergie

die Allergie

toux

der Husten

fièvre

das Fieber

grippe

die Grippe

diarrhée

der Durchfall

mal de tête

die Kopfschmerzen

cancer

der Krebs

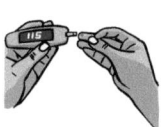

diabète

die Diabetes

chirurgien

der Chirurg

scalpel

das Skalpell

opération

die Operation

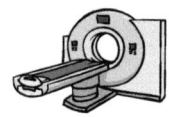

CT

das CT

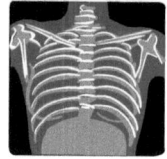

radiographie

das Röntgen

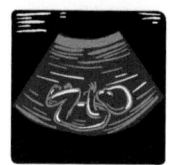

échographie

der Ultraschall

masque

die Maske

maladie

die Krankheit

salle d'attente

das Wartezimmer

béquille

die Krücke

pansement

das Pflaster

pansement

der Verband

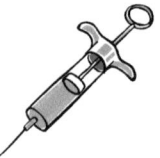

injection

die Injektion

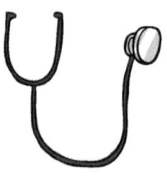

stéthoscope

das Stethoskop

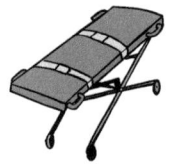

brancard

die Trage

thermomètre

das Thermometer

accouchement

die Geburt

surcharge pondérale

das Übergewicht

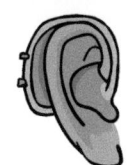

appareil auditif

das Hörgerät

désinfectant

das Desinfektionsmittel

infection

die Infektion

virus

das Virus

VIH / sida

das HIV / AIDS

médicament

die Medizin

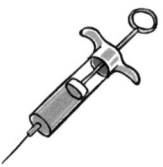

vaccination

die Impfung

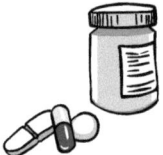

comprimés

die Tabletten

pilule

die Pille

appel d'urgence

der Notruf

tensiomètre

der Blutdruckmesser

malade / sain

krank / gesund

Au secours !

Hilfe!

alarme

der Alarm

assaut

der Überfall

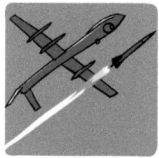

attaque

der Angriff

danger

die Gefahr

sortie de secours

der Notausgang

Au feu!

Feuer!

extincteur

der Feuerlöscher

accident

der Unfall

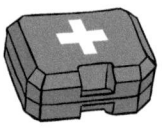

trousse de premier secours

der Erste-Hilfe-Koffer

SOS

SOS

police

die Polizei

Europe

das Europa

Amérique du Nord

das Nordamerika

Amérique du Sud

das Südamerika

Afrique

das Afrika

Asie

das Asien

Australie

das Australien

Océan atlantique

der Atlantik

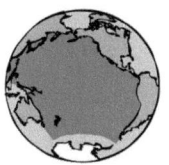

Océan pacifique

der Pazifik

Océan indien

der Indische Ozean

Océan antarctique

der Antarktische Ozean

Océan arctique

der Arktische Ozean

pôle nord

der Nordpol

pôle sud

der Südpol

Antarctique

die Antarktis

terre

die Erde

pays

das Land

mer

das Meer

île

die Insel

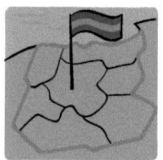

nation

die Nation

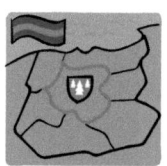

état

der Staat

cadran

das Ziffernblatt

aiguille des heures

der Stundenzeiger

aiguille des minutes

der Minutenzeiger

aiguille des secondes

der Sekundenzeiger

Quelle heure est-il ?

Wie spät ist es?

jour

der Tag

temps

die Zeit

maintenant

jetzt

montre digitale

die Digitaluhr

minute

die Minute

heure

die Stunde

semaine
die Woche

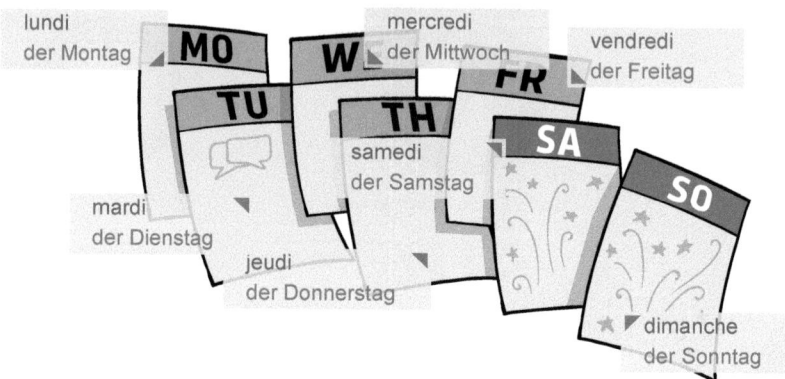

lundi
der Montag

mercredi
der Mittwoch

vendredi
der Freitag

mardi
der Dienstag

jeudi
der Donnerstag

samedi
der Samstag

dimanche
der Sonntag

hier
gestern

aujourd'hui
heute

demain
morgen

matin
der Morgen

midi
der Mittag

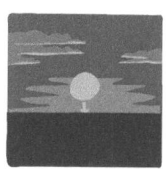

soir
der Abend

jours ouvrables
die Arbeitstage

week-end
das Wochenende

année

das Jahr

pluie
der Regen
arc-en-ciel
der Regenbogen
neige
der Schnee
vent
der Wind
printemps
der Frühling
automne
der Herbst
été
der Sommer
hiver
der Winter

4.APRIL 11°
5.APRIL 4°
6.APRIL 13°
7.APRIL 8°
8.APRIL 10°

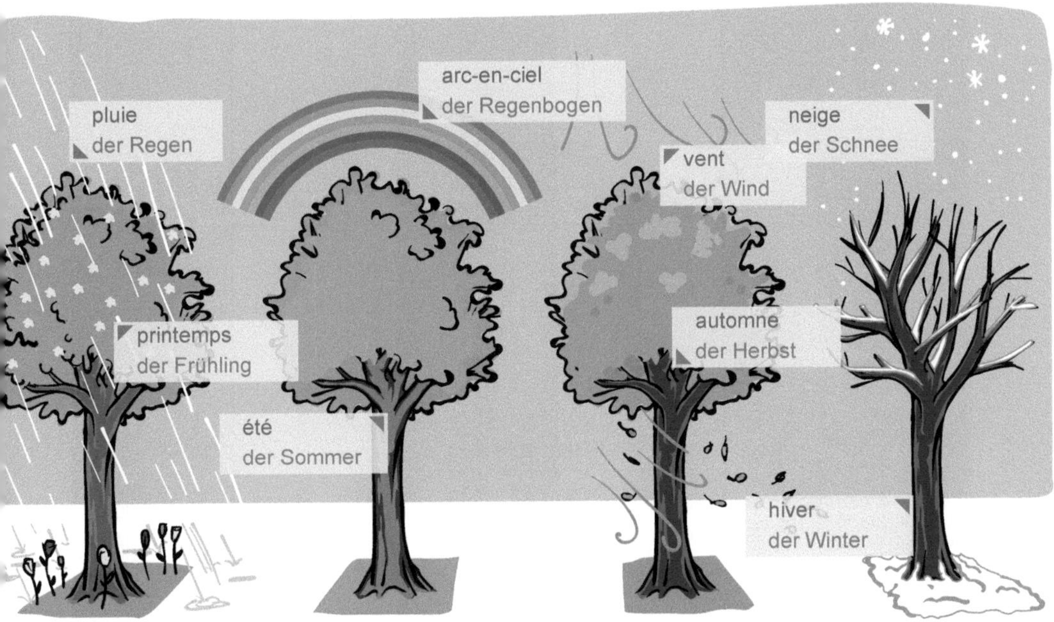

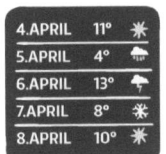

météo

die Wettervorhersage

F C
120 40
90 30
60 20
30 10
0 0
-30 -10
-20

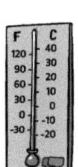

thermomètre

das Thermometer

lumière du soleil

der Sonnenschein

nuage

die Wolke

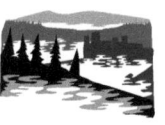

brouillard

der Nebel

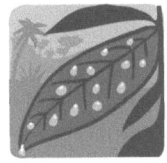

humidité

die Luftfeuchtigkeit

foudre

der Blitz

tonnerre

der Donner

tempête

der Sturm

grêle

der Hagel

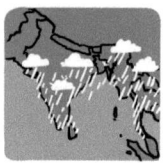

mousson

der Monsun

inondation

die Flut

glace

das Eis

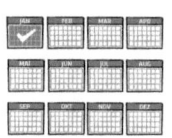

janvier

der Jänner

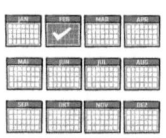

février

der Februar

mars

der März

avril

der April

mai

der Mai

juin

der Juni

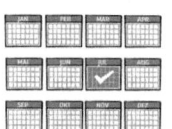

juillet

der Juli

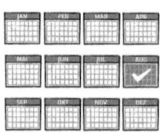

août

der August

année - das Jahr

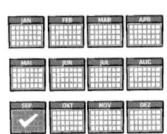

septembre

der September

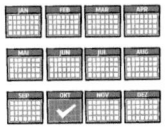

octobre

der Oktober

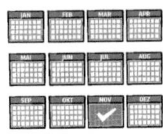

novembre

der November

décembre

der Dezember

cercle

der Kreis

carré

das Quadrat

rectangle

das Rechteck

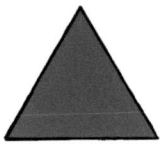

triangle

das Dreieck

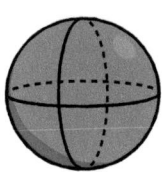

sphère

die Kugel

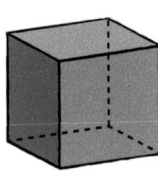

cube

der Würfel

couleurs
die Farben

blanc

weiß

jaune

gelb

orange

orange

rose

pink

rouge

rot

violet

lila

bleu

blau

vert

grün

marron

braun

gris

grau

noir

schwarz

beaucoup / peu

viel / wenig

fâché / calme

wütend / friedlich

joli / laid

hübsch / hässlich

début / fin

der Anfang / das Ende

grand / petit

groß / klein

clair / obscure

hell / dunkel

frère / soeur

er Bruder / die Schwester

propre / sale

sauber / schmutzig

complet / incomplet

vollständig / unvollständig

jour / nuit

der Tag / die Nacht

mort / vivant

tot / lebendig

large / étroit

breit / schmal

comestible / incomestible

genießbar / ungenießbar

méchant / gentil

böse / freundlich

excité / ennuyé

aufgeregt / gelangweilt

gros / mince

dick / dünn

premier / dernier

zuerst / zuletzt

ami / ennemi

der Freund / der Feind

plein / vide

voll / leer

dur / souple

hart / weich

lourd / léger

schwer / leicht

faim / soif

der Hunger / der Durst

malade / sain

krank / gesund

illégal / légal

illegal / legal

intelligent / stupide

gescheit / dumm

gauche / droite

links / rechts

proche / loin

nah / fern

nouveau / usé

neu / gebraucht

rien / quelque chose

nichts / etwas

vieux / jeune

alt / jung

marche / arrêt

an / aus

ouvert / fermé

offen / geschlossen

faible / fort

leise / laut

riche / pauvre

reich / arm

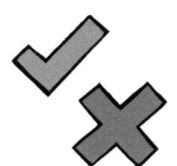

correct / incorrect

richtig / falsch

rugueux / lisse

rau / glatt

triste / heureux

traurig / glücklich

court / long

kurz / lang

lent / rapide

langsam / schnell

mouillé / sec

nass / trocken

chaud / froid

warm / kühl

guerre / paix

der Krieg / der Frieden

oppositions - die Gegenteile

0

zéro

null

1

un / une

eins

2

deux

zwei

3

trois

drei

4

quatre

vier

5

cinq

fünf

6

six

sechs

7

sept

sieben

8

huit

acht

9

neuf

neun

10

dix

zehn

11

onze

elf

12

douze

zwölf

13

treize

dreizehn

14

quatorze

vierzehn

15

quinze

fünfzehn

16

seize

sechzehn

17

dix-sept

siebzehn

18

dix-huit

achtzehn

19

dix-neuf

neunzehn

20

vingt

zwanzig

100

cent

hundert

1.000

mille

tausend

1.000.000

million

Million

anglais

Englisch

anglais américain

Amerikanisches Englisch

chinois mandarin

Chinesisch (Mandarin)

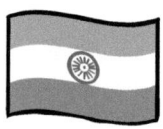

hindi

Hindi

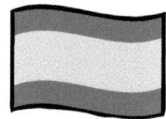

espagnol

Spanisch

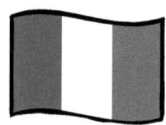

français

Französisch

arabe

Arabisch

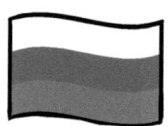

russe

Russisch

portugais

Portugiesisch

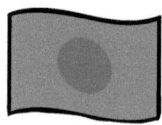

bengali

Bengalisch

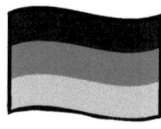

allemand

Deutsch

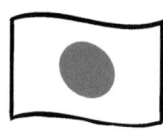

japonais

Japanisch

je
....
ich

tu
....
du

il / elle / ce, c', cela
....
er / sie / es

nous
....
wir

vous
....
ihr

ils / elles
....
sie

Qui ?
....
Wer?

Quoi ?
....
Was?

Comment ?
....
Wie?

Où ?
....
Wo?

Quand ?
....
Wann?

nom
....
Name

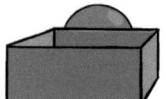

derrière

hinter

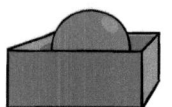

dans

in

devant

vor

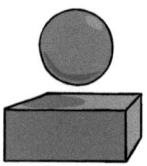

au-dessus

über

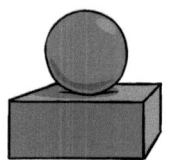

sur

auf

en-dessous

unter

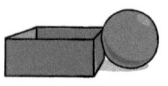

à côté de

neben

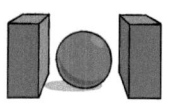

entre

zwischen

lieu

der Ort